Caro aluno, seja bem-vindo à sua plataforma do conhecimento!

A partir de agora, está à sua disposição uma plataforma que reúne, em um só lugar, recursos educacionais digitais que complementam os livros impressos e foram desenvolvidos especialmente para auxiliar você em seus estudos. Veja como é fácil e rápido acessar os recursos deste projeto.

1 Faça a ativação dos códigos dos seus livros.

Se você NÃO tem cadastro na plataforma:
- acesse o endereço <login.smaprendizagem.com>;
- na parte inferior da tela, clique em "Registre-se" e depois no botão "Alunos";
- escolha o país;
- preencha o formulário com os dados do tutor, do aluno e de acesso.

O seu tutor receberá um *e-mail* para validação da conta. Atenção: sem essa validação, não é possível acessar a plataforma.

Se você JÁ tem cadastro na plataforma:
- em seu computador, acesse a plataforma pelo endereço <login.smaprendizagem.com>;
- em seguida, você visualizará os livros que já estão ativados em seu perfil. Clique no botão "Códigos ou licenças", insira o código abaixo e clique no botão "Validar".

Este é o seu código de ativação! → **DK1K4-W3ZBR-AM3QP**

2 Acesse os recursos

usando um computador.

No seu navegador de internet, digite o endereço <login.smaprendizagem.com> e acesse sua conta. Você visualizará todos os livros que tem cadastrados. Para escolher um livro, basta clicar na sua capa.

usando um dispositivo móvel.

Instale o aplicativo **SM Aprendizagem**, que está disponível gratuitamente na loja de aplicativos do dispositivo. Utilize o mesmo *login* e a mesma senha que você cadastrou na plataforma.

Importante! Não se esqueça de sempre cadastrar seus livros da SM em seu perfil. Assim, você garante a visualização dos seus conteúdos, seja no computador, seja no dispositivo móvel. Em caso de dúvida, entre em contato com nosso canal de atendimento pelo **telefone 0800 72 54876** ou pelo *e-mail* atendimento@grupo-sm.com.

BRA209731_5426

6 CAMINHAR JUNTOS

ENSINO RELIGIOSO
HUMBERTO HERRERA

HUMBERTO HERRERA
Doutor em Educação.
Graduado em Filosofia, Pedagogia e Teologia.
Especialista em Docência, Ensino Religioso e Gestão de Processos Pastorais.
Participa da Comissão para a Cultura e Educação da Conferência Nacional
dos Bispos do Brasil.
Membro da Sociedade Brasileira de Cientistas Católicos.

São Paulo, 2ª edição, 2022

Caminhar Juntos – volume 6
© Edições SM Ltda.
Todos os direitos reservados

Direção editorial	Cláudia Carvalho Neves
Gerência editorial	Lia Monguilhott Bezerra
Gerência de *design* e produção	André Monteiro
Edição executiva	Valéria Vaz
Edição	Gabriel Careta, Kenya Jeniffer Marcon
	Suporte editorial: Fernanda Fortunato
Coordenação de preparação e revisão	Cláudia Rodrigues do Espírito Santo
	Preparação: Vera Lúcia Rocha
	Revisão: Ivana Alves Costa, Luiza Emrich
	Apoio de equipe: Lívia Taioque
Coordenação de *design*	Gilciane Munhoz
	Design: Paula Maestro, Lissa Sakajiri
Coordenação de arte	Melissa Steiner Rocha Antunes
	Edição de arte: Janaina Beltrame
Coordenação de iconografia	Josiane Laurentino
	Pesquisa iconográfica: Beatriz Micsik, Mariana Sampaio
	Tratamento de imagem: Marcelo Casaro
Capa	Estúdio Tereza Bettinardi
	Ilustração da capa: Kenzo Hamazaki
Projeto gráfico	Estúdio Tereza Bettinardi
Editoração eletrônica	Texto e Forma Conteúdo Educacional
Pré-impressão	Américo Jesus
Fabricação	Alexander Maeda
Impressão	A.R. Fernandez

Dados Internacionais de Catalogação na Publicação (CIP)
(Câmara Brasileira do Livro, SP, Brasil)

Herrera, Humberto
 Caminhar juntos : 6º ano : ensino religioso /Humberto Herrera. -- 2. ed. -- São Paulo : Edições SM, 2022.

 ISBN 978-85-418-2790-4 (aluno)
 ISBN 978-85-418-2788-1 (professor)

 1. Ensino religioso (Ensino fundamental) I. Título.

22-110316 CDD-377.1

Índices para catálogo sistemático:
1. Ensino religioso nas escolas   377.1
2. Ensino religioso nas escolas   377.1

Cibele Maria Dias - Bibliotecária - CRB-8/9427

1ª Impressão agosto 2022

SM Educação
Avenida Paulista, 1842 – 18º andar
Bela Vista 01311-200 São Paulo SP Brasil
Tel. 11 2111-7400
atendimento@grupo-sm.com
www.grupo-sm.com/br

APRESENTAÇÃO

Caro(a) aluno(a),

Apresentamos a você a coleção **Caminhar Juntos**, cuja proposta é promover o conhecimento sobre a diversidade de manifestações religiosas presentes no Brasil e no mundo.

Cada livro desta coleção é uma aventura! Você vai abrir janelas que lhe permitirão compreender alguns elementos de sua realidade e da vida em sociedade.

Ao ampliar seus conhecimentos sobre as várias religiões e filosofias de vida, você será capaz de reconhecer a riqueza da diversidade cultural e religiosa e manter uma atitude permanente de respeito e de diálogo, tornando-se promotor(a) da cultura de paz.

Nesta coleção, você também vai encontrar diversas propostas de atividades, que, realizadas com os colegas, os familiares e o professor, possibilitarão a você saber mais sobre a cidade, o país e o mundo em que vive, transformando-se no(a) protagonista dessa caminhada!

Desejamos que, a cada passo dado, suas experiências de aprendizagem promovam uma vida mais abençoada e plena de sentido.

Boa jornada neste caminhar juntos!

O autor

CONHEÇA SEU LIVRO

ABERTURA DE UNIDADE
A primeira página de cada unidade mostra uma imagem e traz questões que levam à reflexão inicial sobre o tema da unidade.
SABER SER Sinaliza momentos propícios para o desenvolvimento de competências socioemocionais.

PARA COMEÇO DE CONVERSA
Seção composta de textos, imagens e atividades que aprofundam o contato com o tema tratado na unidade.
CURIOSIDADE FILOSÓFICA Boxe que traz reflexões de pensadores e pensadoras de diversas áreas, relacionando-os aos assuntos centrais da unidade.

POR DENTRO DA HISTÓRIA
Seção que contextualiza a temática da unidade sob uma perspectiva histórica, além de trazer textos, imagens e atividades referentes ao tema principal.
GLOSSÁRIO Boxe que apresenta definições de expressões e de palavras para enriquecer seu vocabulário.

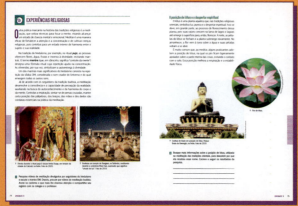

EXPERIÊNCIAS RELIGIOSAS
Nessa seção, você entra em contato com diversas práticas religiosas relacionadas ao tema discutido na unidade, para, assim, ampliar sua consciência religiosa.
FIQUE SABENDO! Boxe que aprofunda e traz curiosidades sobre diferentes temas abordados ao longo da unidade.

CONEXÕES
Nessa seção, você encontra textos, reproduções de obras de arte, poesias, letras de canções e outras manifestações artísticas relacionadas às diferentes práticas religiosas e ao tema da unidade.
FIQUE LIGADO! Boxe que apresenta sugestões de livros, *sites* e vídeos para você aprofundar seus conhecimentos sobre o tema estudado.

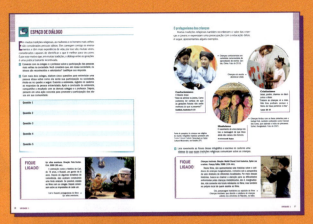

ESPAÇO DE DIÁLOGO
Seção que trabalha o diálogo inter-religioso, abordando aspectos comuns entre diferentes matrizes religiosas, por meio de atividades que buscam valorizar o respeito à diversidade religiosa.

ATITUDES DE PAZ
A seção apresenta acontecimentos e propostas de atividades para que você coloque em prática ideias que ajudem a promover a cultura de paz.

AMPLIANDO HORIZONTES
As atividades dessa seção visam integrar os assuntos tratados na unidade e ampliar o compromisso de todos com a promoção da cultura do diálogo e da paz.

PROJETO CIDADANIA
Apresenta o passo a passo para a realização de um projeto que será desenvolvido ao longo do ano, em que você, motivado pelos conhecimentos religiosos, conhecerá e atuará sobre sua comunidade, exercitando a cidadania.

OFICINA DE JOGOS
O jogo apresentado nessa seção retoma de forma lúdica os assuntos estudados no volume, proporcionando tanto a troca de ideias e experiências quanto o contato com situações concretas de diálogo.

SUMÁRIO

1
VIVEMOS NO MUNDO

- 9 **Para começo de conversa**
- 10 **Por dentro da história**
- 11 Somos uma grande família
- 12 **Experiências religiosas**
- 13 A teia da vida: somos todos irmãos e irmãs
- 14 **Conexões**
- 15 As redes sociais nos ajudam a viver juntos e melhor?
- 16 **Espaço de diálogo**
- 17 O protagonismo das crianças
- 18 **Atitudes de paz**
- 19 E se fosse você?
- 20 **Ampliando horizontes**

- 22 **PROJETO CIDADANIA:** Partida

2
DEUS E O UNIVERSO

- 25 **Para começo de conversa**
- 26 **Por dentro da história**
- 27 As tradições religiosas e o Universo
- 28 **Experiências religiosas**
- 29 A lenda do açaí
- 30 **Conexões**
- 31 A religiosidade na poesia
- 32 **Espaço de diálogo**
- 33 Uma discussão importante
- 34 **Atitudes de paz**
- 35 Por falar em amizade...
- 36 **Ampliando horizontes**

- 38 **PROJETO CIDADANIA:** Realidade

3
DEUS E OS REGISTROS ESCRITOS

- 41 **Para começo de conversa**
- 42 **Por dentro da história**
- 42 O livro dos mortos
- 43 O decálogo
- 43 As cartas paulinas
- 44 **Experiências religiosas**
- 45 Os ensinamentos dos textos sagrados
- 46 **Conexões**
- 47 Os textos são registros da nossa história
- 48 **Espaço de diálogo**
- 48 O Tao te ching, a lei do Universo e o caminho da virtude
- 48 Tripitaca: os três cestos da sabedoria
- 49 A leitura dos livros sagrados
- 50 **Atitudes de paz**
- 51 Os textos sagrados e a paz
- 52 **Ampliando horizontes**

4 A SABEDORIA DOS TEXTOS SAGRADOS

55 Para começo de conversa
56 Por dentro da história
58 Experiências religiosas
59 Os livros como registros de ensinamentos
60 Conexões
61 Peregrinações, romarias e procissões no Brasil
62 Espaço de diálogo
64 Atitudes de paz
65 O que dizem as diferentes tradições religiosas?
66 Ampliando horizontes

68 **PROJETO CIDADANIA:** Ação

5 PRÁTICAS RELIGIOSAS

71 Para começo de conversa
72 Por dentro da história
72 Humanidade para com o outro
74 Experiências religiosas
75 A posição de lótus e o despertar espiritual
76 Conexões
77 A comunidade zen-budista
78 Espaço de diálogo
79 Fé Bahá'í: todas as religiões provêm de um mesmo Deus
80 Atitudes de paz
81 Mil *tsurus*: vamos desejar a paz
82 Ampliando horizontes

84 **PROJETO CIDADANIA:** Chegada

6 RITOS RELIGIOSOS

87 Para começo de conversa
88 Por dentro da história
89 O rito da Eucaristia
90 Experiências religiosas
90 Judaísmo
91 Tradição sateré-mawé
92 Conexões
93 Candomblé
94 Espaço de diálogo
96 Atitudes de paz
97 Perto de você
98 Ampliando horizontes

100 OFICINA DE JOGOS

104 BIBLIOGRAFIA

1 VIVEMOS NO MUNDO

1. Releia o título dessa unidade. Na sua opinião, o que ele quer dizer? E por qual motivo você imagina que ele foi apresentado no plural?

2. Observe as crianças retratadas nesta foto. Você imagina que o dia a dia delas é parecido com o seu? Por quê?

3. Para você, é possível que pessoas que vivem em um mesmo lugar tenham hábitos e costumes diferentes?

4. SABER SER Na sua opinião, quais fatores podem aproximar ou distanciar as pessoas? Por quê?

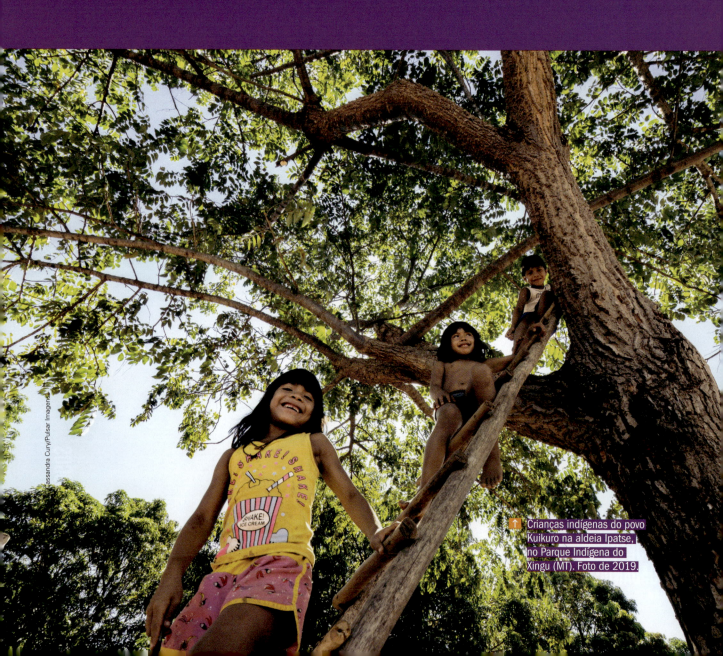

Crianças indígenas do povo Kuikuro na aldeia Ipatse, no Parque Indígena do Xingu (MT). Foto de 2019.

PARA COMEÇO DE CONVERSA

Você já parou para observar a diversidade de pessoas que estão ao seu redor? Se prestar atenção, você vai perceber que, no bairro, na cidade e até mesmo no país onde mora, há pessoas que se assemelham e outras que diferem no modo de ser, nos costumes, nas ideias e também nas práticas religiosas.

São esses aspectos que nos unem e, ao mesmo tempo, nos tornam únicos. Mas, para conviver com tanta diversidade, é preciso nos conhecer e também aprender a reconhecer o outro.

- Observe a imagem a seguir e, depois, responda às questões oralmente, compartilhando suas ideias com o professor e os colegas.

↑ Tira dos cartunistas dinamarqueses Mikael Wulff e Anders Morgenthaler, 2015.

a) O que a personagem da tira está fazendo? Essa atitude pode ser considerada individualista? Por quê?
b) Para você, o que seria uma pessoa individualista?
c) No lugar onde você mora, as pessoas são mais individualistas ou mais solidárias? Por quê?
d) Na sua opinião, quais são as consequências do individualismo e da solidariedade? Dê dois exemplos.

↑ O filósofo austríaco Martin Buber em sua residência em Jerusalém. Foto de 1960.

CURIOSIDADE FILOSÓFICA

Martin Buber (1878-1965) nasceu e estudou na Áustria, mas, em 1938, mudou-se para Jerusalém e passou a promover a convivência pacífica entre judeus e árabes. Ele dizia que não estava interessado em ideias, mas, sim, em experiências pessoais.

Buber destacou-se por suas ideias sobre o diálogo e a relação entre as pessoas, assunto que expõe no livro *Eu e Tu*, publicado em 1923. Nessa obra, ele escreveu:

> [...] O Eu se realiza na relação com o Tu; é tornando Eu que digo Tu. Toda vida atual é encontro.

Martin Buber. *Eu e tu*. São Paulo: Centauro, 2006. p. 49.

1. Com a ajuda do professor, interprete o trecho de Buber citado anteriormente e compartilhe suas conclusões oralmente com a turma.

2. Como você avalia sua preocupação consigo mesmo, com o outro, com a natureza e com o mundo? Em uma escala de 0 a 10, atribua uma nota para cada uma dessas questões. Registre as notas no caderno, justificando sua autoavaliação.

UNIDADE 1 9

POR DENTRO DA HISTÓRIA

A preocupação com o outro se faz presente em diversas tradições religiosas e filosofias de vida no mundo. O cultivo do respeito ao próximo é conhecido muitas vezes como a "regra de ouro" das religiões.

Veja, no infográfico a seguir, como algumas tradições declaram essa regra de ouro. Depois, converse com o professor e os colegas sobre essas declarações.

A sabedoria das tradições religiosas para a boa convivência

Confucionismo
Uma palavra resume a boa conduta: a bondade. O que tu mesmo não desejas, não o faças também aos outros.

Confúcio, Analectos 15: 23

Jainismo
O homem deveria tratar todas as criaturas do mundo assim como ele próprio gostaria de ser tratado.

Mahavira, Sutrakritanga 1: 11, 33

Judaísmo
Não faças aos outros o que não queres que eles te façam, esta é a Lei, o resto é comentário.

Hilel, Talmud Bavli, Shabat 31ª

Budismo
Não tratar os outros com atitudes que você mesmo acharia ruins.

Sidarta Gautama, Udanavarga 5: 18

Hinduísmo
Esta é a síntese do dever: não fazer aos outros o que poderia ser causa de sofrimento.

Mahabharata 5: 1517

Ifá
O homem deve ter que lutar para melhorar sua relação com os seus companheiros e para isso deverá melhorar o seu caráter (ìwà) dia após dia.

Orumilá Ifá

Cristianismo
Tudo o que vocês desejam que os outros façam a vocês, façam vocês também a eles. Pois nisso consistem a Lei e os Profetas.

Mateus 7: 12

Ilustrações: Texto e Forma/ID/BR

Fontes de pesquisa: Fernanda Leandro Ribeiro. A concepção de riqueza no Ifá e nas religiões afrobrasileiras. 2014. Dissertação (Mestrado em Ciências da Religião) – Pontifícia Universidade Católica de São Paulo (PUC-SP), São Paulo, 2014. Disponível em: https://repositorio.pucsp.br/jspui/handle/handle/1926. Luís Henrique Beust. A regra áurea nas grandes religiões mundiais. *Diálogo*: religião e cultura, n. 37, fev. 2005. Disponível em: https://www.paulinas.org.br/dialogo/pt-br/?system=news&id=9823&action=read. Acessos em: 9 fev. 2022.

Somos uma grande família

O cuidado com a natureza e com as pessoas está presente em diversas culturas indígenas e se manifesta em muitos de seus hábitos e práticas religiosas.

O povo indígena guarani, por exemplo, é uma grande família constituída por cerca de 284 mil pessoas, segundo dados do Instituto Socioambiental (ISA), que vivem em quatro países da América do Sul: Brasil, Bolívia, Paraguai e Argentina. No Brasil vive a maioria dessa população: aproximadamente 85 mil pessoas. Na diversidade de suas manifestações culturais, os Guarani vivem uma espiritualidade baseada no respeito à terra, aos espíritos e aos antepassados.

As terras dos povos indígenas são consideradas essenciais para sua sobrevivência, subsistência e manutenção de suas culturas; por esse motivo, elas desempenham um papel central em suas práticas religiosas e lutas sociais. A posse dessas terras é assegurada aos povos indígenas desde a promulgação da Constituição federal de 1988, porém, ainda hoje, muitas dessas terras não foram devidamente demarcadas pelo Estado e mesmo as que já foram demarcadas são constantemente ameaçadas pela ação de garimpeiros e madeireiros ilegais, bem como de outros grupos invasores.

No ano de 2021, no contexto dos protestos contra o Marco temporal, lideranças indígenas de diversos povos, como os Kaingang, Tukano, Kalapalo e Terena, escreveram uma carta endereçada à presidência do Supremo Tribunal Federal, na qual denunciam a omissão do Estado na proteção às terras e aos povos indígenas. Leia a seguir um trecho dessa carta.

↑ Lideranças indígenas de diversos povos protestando contra o marco temporal em frente ao edifício do STF, em Brasília (DF). Foto de 2021.

MARCO TEMPORAL: ação em trâmite no Supremo Tribunal Federal que determina que somente os povos indígenas que já ocupavam uma determinada terra em 5 de outubro de 1988 podem reivindicar sua posse e demarcação como Terra Indígena.

EXORTAÇÃO APOSTÓLICA: é um documento que transmite ensinamentos do papa a respeito de assuntos específicos com o objetivo de incentivar os fiéis a vivê-los plenamente.

A realidade de nossa comunidade não é diferente do quanto é vivenciado pelos demais povos indígenas em nosso país que sofrem, cotidianamente, os mais vis ataques decorrentes da omissão do Estado em demarcar nossas terras e do estímulo da invasão de nossos territórios [...]. É permanente a tentativa de apropriação dos nossos corpos, da terra onde vivemos e dos recursos naturais que protegemos [...].

EM CARTA, indígenas pedem ao presidente do STF que retome julgamento do marco temporal. Conselho indigenista missionário. Disponível em: https://cimi.org.br/2021/12/indigenas-stf-retome-julgamento-marco-temporal/. Acesso em: 10 fev. 2022.

Em fevereiro de 2020, o papa Francisco publicou a exortação apostólica *Querida Amazônia* sobre o cuidado com a floresta amazônica e a preservação da riqueza natural e cultural dela. Ainda nesse documento, o papa reafirma a importância dos povos indígenas e ressalta a luta desses povos pela preservação de suas identidades, culturas e de nossa Casa comum, a Terra.

INVESTIGANDO

1. Procure no dicionário a palavra **alteridade** e relacione-a às declarações apresentadas no infográfico A sabedoria das tradições religiosas para a boa convivência.

2. Pesquise a situação das terras indígenas próximas do município ou da região onde você mora. A seguir, compartilhe com os colegas o resultado da pesquisa e converse com eles sobre as ações que poderiam ser tomadas pela sociedade civil e pelo poder público para garantir a proteção a essas terras e aos povos que nelas vivem.

UNIDADE 1 11

EXPERIÊNCIAS RELIGIOSAS

Em 2015, a Organização das Nações Unidas para a Educação, a Ciência e a Cultura (Unesco) publicou o documento *Educação para a cidadania global: preparando alunos para os desafios do século XXI*. Esse documento sinaliza a necessidade de mudanças no papel e no propósito da educação, a fim de possibilitar a construção de sociedades mais justas, pacíficas e inclusivas.

Muitas pessoas, motivadas por convicções religiosas, têm promovido atitudes para a prática de uma cidadania global, em prol do bem comum. Uma dessas pessoas é o papa Francisco. Vamos conhecer melhor o líder da Igreja católica?

Jorge Mario Bergoglio nasceu em Buenos Aires, Argentina, em 17 de dezembro de 1936. Filho de imigrantes italianos, ele trabalhou como técnico químico antes de entrar para a Companhia de Jesus, em 1958. Em 1969, foi ordenado sacerdote. Foi nomeado bispo auxiliar de Buenos Aires em 1992. Tornou-se arcebispo de Buenos Aires em 1998 e promoveu um projeto missionário centrado na comunhão e na evangelização. Em 2001, ele recebeu o título de cardeal.

Primeiro papa latino-americano na história da Igreja católica, logo no início de seu pontificado, em 2013, ele afirmou: "o meu povo é pobre, e eu sou um deles". Essa frase explica sua escolha de morar em um apartamento e preparar sozinho seu jantar. A opção pelos pobres o levou a adotar o nome Francisco, em homenagem a São Francisco (1181/2-1226), conhecido como "o pobrezinho de Assis".

Desde seu primeiro documento oficial, *A alegria do Evangelho*, o papa convidou os cristãos a protagonizar transformações e assumir compromissos concretos na inclusão social dos pobres, no cuidado do Planeta, na cultura de paz e no diálogo social. Encontros, como o Dia Mundial dos Pobres e o Dia Mundial dos Idosos e Avós, o Pacto Educativo Global, têm sido convites marcantes do pontificado do papa Francisco.

Seus hábitos comuns, seu otimismo, sua receptividade e simplicidade, suas palavras e seus gestos têm motivado muitos católicos e também pessoas de outras religiões a promover atitudes de paz e de bem comum.

1. Busque informações sobre São Francisco de Assis, cuja vida inspirou o papa Francisco a escolher esse nome, e anote no caderno o que encontrar.

2. Pesquise na internet uma imagem e um texto que representem uma atitude, um gesto ou uma palavra do papa Francisco em defesa da paz e do bem comum. No caderno, cole a imagem e registre o texto. Compartilhe com os colegas o resultado de sua pesquisa.

↑ Papa Francisco em audiência pública com representantes de povos indígenas do Canadá, na Cidade do Vaticano. Foto de 2022.

COMPANHIA DE JESUS: ordem religiosa fundada em 1534; seus membros são chamados jesuítas. Conhecida principalmente por seu trabalho missionário e educacional.

FIQUE LIGADO!

Pode me chamar de Francisco. Direção: Daniele Luchetti. Itália/Espanha, 2015 (98 min).

Essa minissérie reconta a trajetória do padre Jorge Bergoglio, desde sua origem humilde, na Argentina, até se tornar o líder da Igreja católica, como papa Francisco.

A teia da vida: somos todos irmãos e irmãs

Existem algumas dinâmicas e práticas que nos permitem conhecer melhor uns aos outros e compreender que, no mundo, tudo está interligado. Esse é o caso da chamada dinâmica da teia. Você já ouviu falar dela?

3 Que tal experimentar a dinâmica da teia da vida? Você e a turma vão precisar de um rolo de barbante para realizá-la. Depois de separar esse material, leia as orientações.

a) Com a turma, sente-se em círculo no chão da sala de aula ou em outro espaço da escola. Juntos, escolham alguém para começar.

b) Segurando o rolo de barbante, um colega por vez responde às seguintes questões: Você é comprometido com os outros, com a comunidade onde vive e com a natureza? Que atitudes praticadas por você comprovam suas respostas?

c) Depois de responder, e sem soltar a ponta do fio, a pessoa deixa o rolo de barbante rolar pelo chão até outro participante. Quem receber o rolo deve responder às perguntas e lançar o barbante a outro colega.

d) A dinâmica continua até que todos tenham apresentado suas respostas. No final, o fio de barbante terá formado uma teia interligando todos os participantes.

e) Para desmontar a teia, a última pessoa a receber o rolo de barbante deve se aproximar do penúltimo colega e devolver-lhe o rolo, comentando algo que considerou interessante na fala desse colega. Deve-se prosseguir assim até que a teia seja desfeita.

FIQUE SABENDO!

O povo ojíbua, nativo da América do Norte, acredita que, à noite, o ar se enche de sonhos que trazem mensagens sobre o Universo e a vida. Para afastar os sonhos maus e deixar passar apenas os bons, esses indígenas criaram o *filtro dos sonhos*, um arco de vime no interior do qual há uma teia que pode estar combinada a objetos, como penas ou contas.

Segundo a tradição do povo ojíbua, na escuridão do mundo primitivo surgiu a avó Aranha, que trouxe a luz do sol. A avó Aranha teria criado o filtro dos sonhos ao produzir sua teia enquanto transmitia ensinamentos sobre a espiritualidade e os ciclos da vida.

Filtro dos sonhos confeccionado por indígenas → ojíbua, nos Estados Unidos.

UNIDADE 1 13

CONEXÕES

Como vimos, muitas tradições religiosas ensinam que somos uma grande família vivendo no mesmo planeta. Para viver em harmonia e alcançar a felicidade, precisamos respeitar uns aos outros e o ambiente.

Esses ensinamentos devem ser traduzidos em vivências, atitudes práticas no dia a dia. Não dá para separar as coisas: é necessário que nossos valores orientem nossa participação nas diferentes dimensões da vida em sociedade.

Leia um trecho da canção "Cidadão", do poeta baiano Lúcio Barbosa dos Santos.

Cidadão

[...]
Tá vendo aquele colégio, moço?
Eu também trabalhei lá
Lá eu quase me arrebento
Pus a massa fiz cimento
Ajudei a rebocar
Minha filha inocente
Vem pra mim toda contente
Pai, vou me matricular
Mas me diz um cidadão
Criança de pé no chão
Aqui não pode estudar
Esta dor doeu mais forte
Por que que eu deixei o Norte
Eu me pus a me dizer
Lá a seca castigava, mas o
pouco que eu plantava
Tinha direito a comer

Tá vendo aquela igreja, moço?
Onde o padre diz amém
Pus o sino e o badalo
Enchi minha mão de calo
Lá eu trabalhei também
Lá sim valeu a pena
Tem quermesse, tem novena
E o padre me deixa entrar
Foi lá que Cristo me disse
Rapaz, deixe de tolice
Não se deixe amedrontar

Fui Eu quem criou a Terra
Enchi o rio, fiz a serra
Não deixei nada faltar
Hoje o homem criou asas
E na maioria das casas
Eu também não posso entrar

Lúcio Barbosa dos Santos. Cidadão. Intérprete: Zé Geraldo. Em: *Terceiro mundo*. Nova York: CBS Records, 1979. CD.

1 Com base na leitura da canção, responda.

a) Na sua opinião, por que o compositor deu a essa canção o título de "Cidadão"? Explique.

b) Indique o trecho da letra que mais chamou sua atenção. Transcreva-o no caderno e justifique sua resposta.

c) Com base nas respostas anteriores, converse com os colegas sobre o compromisso das religiões quanto a incentivar a participação social e defender os direitos de todas as pessoas e da natureza.

As redes sociais nos ajudam a viver juntos e melhor?

Em entrevista concedida ao jornal *El País* em janeiro de 2016, o sociólogo e filósofo polonês Zygmunt Bauman (1925-2017) fez algumas considerações em relação às redes sociais. Leia o texto a seguir.

As redes sociais são uma armadilha

[...] A diferença entre a comunidade e a rede é que você pertence à comunidade, mas a rede pertence a você. É possível adicionar e deletar amigos, e controlar as pessoas com quem você se relaciona. Isso faz com que os indivíduos se sintam um pouco melhor, porque a solidão é a grande ameaça nesses tempos individualistas. Mas, nas redes, é tão fácil adicionar e deletar amigos que as habilidades sociais não são necessárias. [...]

As redes sociais não ensinam a dialogar porque é muito fácil evitar a controvérsia... Muita gente as usa não para unir, não para ampliar seus horizontes, mas ao contrário, para se fechar no que eu chamo de zonas de conforto, onde o único som que escutam é o eco de suas próprias vozes [...].

Ricardo de Querol. Zygmunt Bauman: as redes sociais são uma armadilha. *El País*, 9 jan. 2016. Disponível em: https://brasil.elpais.com/brasil/2015/12/30/cultura/1451504427_675885.html. Acesso em: 4 fev. 2022.

2 Depois de ler o texto de Bauman, analise a tira e, com mais três colegas, responda oralmente à pergunta: Na opinião de vocês, as redes sociais são uma armadilha? Por quê?

 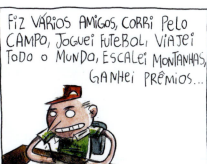 

↑ Tira de João Montanaro, 2012.

3 Agora, leia o texto a seguir, em que o papa Francisco afirma que as redes sociais podem propiciar a construção da cidadania:

[...] Aproveitemos as possibilidades de encontro e de solidariedade que as redes sociais oferecem [...] Vamos construir uma verdadeira cidadania na rede e que a rede digital não seja um lugar de alienação [...]

Papa: as redes sociais são um espaço de encontro e solidariedade. *A boa notícia*, Santo André, ano 18, n. 204, jun. 2018. Disponível em: https://diocesesa.org.br/wp-content/uploads/2014/10/A-Boa-Noticia-Junho-ed-204.pdf. Acesso em: 11 fev. 2022.

a) Com o mesmo grupo da atividade anterior, reflita sobre a pergunta: As mídias sociais nos ajudam a viver melhor nossa religiosidade? Por quê?

b) Organize as ideias de vocês em um mural, apresentando exemplos de como usar as mídias sociais para promover o bem comum.

ESPAÇO DE DIÁLOGO

Em muitas tradições religiosas, as mulheres e os homens mais velhos são considerados pessoas sábias. Eles carregam consigo os ensinamentos e têm mais experiência de vida, por isso são, muitas vezes, considerados capazes de identificar o que é melhor para seu povo. É por esse motivo que, em muitas tradições, o diálogo entre as gerações é uma prática bastante incentivada.

1 Converse com os colegas e o professor sobre a participação das pessoas mais velhas na sociedade. Você considera que, em nossa sociedade, os idosos são reconhecidos e valorizados? Justifique sua resposta.

2 Com mais dois colegas, elabore cinco questões para entrevistar uma pessoa idosa sobre como ela sente sua participação na sociedade. Anote-as no quadro a seguir. Durante a entrevista, registre no caderno as respostas da pessoa entrevistada. Após a conclusão da entrevista, compartilhe o resultado com os demais colegas e o professor. Depois, pensem em uma ação concreta para promover a participação dos idosos em sua comunidade.

Questão 1
Questão 2
Questão 3
Questão 4
Questão 5

FIQUE LIGADO!

Up: altas aventuras. Direção: Pete Docter. EUA, 2009 (96 min).

A animação conta a história de Carl, de 78 anos, e Russell, um garoto de 8 anos. Depois de algumas tentativas de convivência, eles acabam construindo uma linda amizade. Se possível, assista ao filme com os colegas. Depois conversem sobre as impressões de cada um.

Carl e Russell, protagonistas do filme *Up: altas aventuras*.

16 UNIDADE 1

O protagonismo das crianças

Muitas tradições religiosas também reconhecem o valor das crianças e jovens e expressam uma preocupação com a educação delas. A seguir, apresentamos alguns exemplos.

← Crianças confucionistas em cerimônia comemorativa do aprendizado da escrita. Cantão, China. Foto de 2019.

Crianças em escola → dominical cristã.

Confucionismo
O Mestre disse:
"Deve-se admirar os jovens. Como podemos ter certeza de que as gerações futuras não serão melhores do que a presente?"
Confúcio, Analectos 9: 23

Cristianismo
Jesus, porém, chamou os discípulos e disse:
"Deixem as crianças vir a mim. Não lhes proíbam, porque o Reino de Deus pertence a elas".
Lucas 18: 16

← Crianças hindus com as faces pintadas para o festival Holi, também conhecido como Festival das Cores, que assinala o início da primavera. Sylhet, Bangladesh. Foto de 2021.

Hinduísmo
O nascimento de uma criança nos traz a mensagem de que Deus ainda não cansou dos homens.
Rabindranath Tagore

Fonte de pesquisa: As crianças nas religiões do mundo. Infográfico impresso produzido pelo Centro Cultural Conforti. Disponível no Centro Cultural Missionário, em Brasília (DF).

3 Leia novamente as frases desse infográfico e escreva no caderno uma síntese do que essas tradições religiosas comunicam sobre as crianças.

FIQUE LIGADO!

Crianças invisíveis. Direção: Mehdi Charef, Emir Kusturica, Spike Lee e outros. França/Itália, 2006 (124 min).

Neste filme, são apresentadas sete histórias sobre o cotidiano de crianças marginalizadas, contadas sob a perspectiva de sete diretores de diferentes localidades. Por meio dessas histórias, busca-se chamar a atenção para as dificuldades enfrentadas pelas crianças invisibilizadas, isto é, marginalizadas, não somente nos locais retratados no filme, mas também no próprio local de quem assiste ao filme.

Ciro, personagem homônimo ao episódio do filme → *Crianças invisíveis*, que aborda o cotidiano de crianças pobres nos arredores de Nápoles, na Itália.

UNIDADE 1 17

ATITUDES DE PAZ

Nesta unidade, você conheceu Zygmunt Bauman, sociólogo polonês que se tornou mundialmente conhecido por sua análise da sociedade contemporânea – ou "modernidade líquida", como dizia – e por sua crítica à globalização.

Alguns meses antes de morrer, Bauman esteve com o papa Francisco, na cidade italiana de Assis, em 2016. Leia a seguir uma de suas declarações ao papa e também o trecho de uma entrevista concedida pelo sociólogo no mesmo ano.

↑ Zygmunt Bauman em conferência sobre diferenças, desigualdades e pensamento sociológico, organizada pela Associação de Ciências Econômicas (ESA) em Praga, na República Tcheca, em 2015.

Eu trabalhei toda a vida para tornar a humanidade um lugar mais hospitaleiro. Cheguei aos 91 anos e vi muitos falsos começos, até me tornar pessimista. **Obrigado, porque você é para mim a luz no fim do túnel.**

Instituto Humanitas Unisinos. Bauman: o papa Francisco é a minha esperança. Disponível em: http://www.ihu.unisinos.br/78-noticias/575979-baumano-papa-francisco-e-a-minha-esperanca. Acesso em: 8 fev. 2022.

Nós, os residentes do planeta, somos interdependentes, conscientemente ou não, queiramos ou não. Mas essa situação não está sendo acompanhada pelo desenvolvimento, pela aquisição e aplicação de uma "consciência **cosmopolita**". Nós continuamos com os mesmos instrumentos concebidos no passado para resolver problemas impossíveis de resolver, que emergem das condições de interdependência, erosão e diluição da autonomia territorial e das soberanias nacionais.

Guilherme Evelyn e Ruan de Sousa Gabriel. Morre Zygmunt Bauman. Leia entrevista inédita em que ele defende a redenção pelo diálogo. *Época*, jan. 2017. Disponível em: https://epoca.globo.com/cultura/noticia/2017/01/morre-zygmunt-bauman-leia-entrevista-inedita-em-que-ele-defende-redencao-pelo-dialogo.html. Acesso em: 8 fev. 2022.

Bauman destacou três conselhos do papa Francisco que indicam caminhos para integrar os povos e as pessoas:

- Fomentar a cultura do diálogo para reconstruir a sociedade, aprendendo a respeitar o estrangeiro, o imigrante e outras pessoas.
- Discutir a distribuição igualitária dos frutos da terra e do trabalho, medida que não representa uma caridade, mas uma obrigação moral.
- Tornar o diálogo o centro das propostas educativas das escolas, a fim de oferecer ferramentas para resolver os conflitos de modo diferente do que tem sido adotado até agora.

1 Procure no dicionário o conceito de **cosmopolita** e registre a definição no caderno.

2 Converse com os colegas e o professor sobre os conselhos do papa Francisco e avalie como a escola vem praticando o que sugere o terceiro conselho.

E se fosse você?

Imagine que, na escola em que você estuda, será realizada uma **Jornada pela Paz** e que a turma escolheu você para pronunciar um discurso nessa ocasião. Utilize as linhas a seguir para escrever o seu discurso. Lembre-se de que a ideia dessa fala é promover o diálogo e o respeito entre as pessoas.

Veja a seguir algumas dicas que podem ser úteis na elaboração do seu discurso.

Dicas para redigir seu discurso
1. Atenha-se ao tema (promover o diálogo e o respeito entre todos).
2. Dirija suas palavras diretamente aos colegas, professores e demais colaboradores da escola.
3. Refira-se à realidade que percebe na escola e proponha atitudes e ações de melhoria que respondam às perguntas: Como são as relações entre as pessoas? Como essas relações podem ser aprimoradas?
4. Ofereça uma mensagem de esperança e motivação aos ouvintes, incentivando atitudes de mudança.

_____
_____
_____
_____
_____
_____
_____
_____
_____
_____
_____

AMPLIANDO HORIZONTES

Nesta unidade, você aprendeu que vivemos em uma Casa comum e que precisamos cuidar dela para que todos os seres vivos e as futuras gerações possam viver bem.

Além disso, falamos sobre o respeito que o povo Guarani tem pela terra e sobre a mensagem do papa Francisco para alertar quanto aos cuidados que devemos ter com o planeta.

O papa Francisco tem despertado a admiração de muita gente por suas atitudes e mensagens em favor do bem comum. Observe as charges a seguir e faça o que se pede.

1 Se você precisasse dar um título para cada charge, que títulos escolheria? Escreva cada um deles nas linhas próximas da charge correspondente.

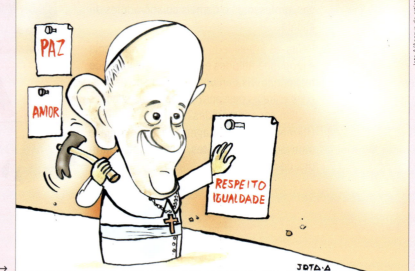

Tira de Jota A., 2015.

Tira de Cazo, 2013.

2 **SABER SER** As discussões propostas nesta unidade chamaram a atenção para a diversidade de pessoas com as quais convivemos em nossa Casa comum, a Terra, e para a importância de exercitar o respeito e de "colocar-se no lugar do outro" para poder desfrutar de uma vivência feliz e harmoniosa em sociedade. No caderno, complete a frase:

- Colocar-se no lugar do outro é...

3 Agora, que tal criar charges sobre o papa Francisco? Para isso, leia as orientações.

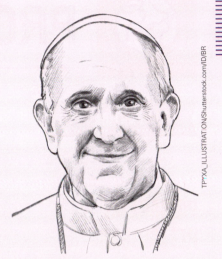

a) Pesquise atitudes ou mensagens do papa que despertem sua admiração.
b) Escolha duas dessas atitudes ou mensagens e faça, nos espaços a seguir, um esboço das charges.
c) Revise os esboços que criou e, depois, produza as versões definitivas em folhas A4, seja de forma manual seja por meio de um programa digital de desenho.
d) Compartilhe suas criações com o professor e os colegas. Depois, com toda a turma, organize uma exposição de charges no mural da classe ou da escola.

Charge 1

Charge 2

PROJETO CIDADANIA

PARTIDA › REALIDADE › AÇÃO › CHEGADA

PAISAGENS RELIGIOSAS

Neste projeto, você e os colegas vão aproximar-se e colocar os pés na cidade; mirar e escutar a realidade, acolher as percepções dos integrantes da comunidade onde vive e registrar suas descobertas com base nesse olhar e, depois, apresentá-las à comunidade escolar.

OBJETIVOS

- Compreender o significado de paisagem religiosa.
- Conhecer as paisagens religiosas do local onde vive.
- Reconhecer a diversidade de experiências e de práticas religiosas desse local.
- Reconhecer a diversidade de paisagens religiosas na região onde você vive.
- Promover o respeito às paisagens religiosas locais.

JUSTIFICATIVA

A diversidade é parte fundamental da experiência humana. Na vida em comunidade, nos deparamos constantemente com a experiência da alteridade. Assim, a diversidade religiosa também faz parte de nossa vivência social. Conhecer a diversidade religiosa, compreendê-la e respeitá-la é uma forma importante de construirmos pontes e estabelecermos formas de comunicação com os diferentes grupos e pessoas da comunidade para, assim, contribuirmos para uma sociedade mais justa e igualitária.

DESENVOLVIMENTO

1ª ETAPA: As paisagens religiosas
2ª ETAPA: Conhecendo paisagens religiosas
3ª ETAPA: Diversidade religiosa
4ª ETAPA: Compartilhando descobertas

Ilustrações: Kenzo Hamazaki/ID/BR

22 UNIDADE 1

O que é paisagem?

Você já deve ter escutado e até mesmo falado muitas vezes a palavra **paisagem**. Como você define essa palavra? Quais são as características das paisagens? A leitura e a representação que fazemos de uma paisagem são influenciadas pelo lugar de onde a observamos? Como? Para refletir sobre essas questões, observe a tira a seguir e converse sobre ela com os colegas e o professor.

← Charge de Cristian Dzwonik, 2010.

[**ASSOMAR:** mostrar-se, deixar-se ver.]

Agora, vamos conhecer a definição de paisagem do geógrafo Milton Santos (1926-2001).

↑ Milton Santos em palestra em São Paulo (SP). Foto de 2000.

Tudo aquilo que nós vemos, o que nossa visão alcança, é a paisagem. [...]. [Ela] não é formada apenas de volumes, mas também de cores, movimentos, odores, sons, etc.
[...] A paisagem toma escalas diferentes e **assoma** diversamente aos nossos olhos, segundo onde estejamos. [...]. Se a realidade é apenas uma, cada pessoa a vê de forma diferenciada; dessa forma, a visão pelo homem das coisas materiais é sempre deformada. Nossa tarefa é a de ultrapassar a paisagem como aspecto, para chegar ao seu significado.

Milton Santos. *Metamorfoses do espaço habitado.* São Paulo: Hucitec, 1988. p. 21-26.

PRIMEIRAS IDEIAS

1. Com base no que aprendeu até agora, como você define a palavra **paisagem**? Se necessário, converse com o professor de Geografia da escola.

2. Você já ouviu falar de **paisagem religiosa**? Pesquise o significado dessa expressão em livros, revistas ou *sites* e anote-o no caderno.

3. Em grupo, com base nas atividades anteriores, faça um diagrama conceitual. Anote nesse diagrama o que vocês aprenderam a respeito de **paisagem** e **paisagem religiosa**.

UNIDADE 1

2 DEUS E O UNIVERSO

1. O que mais desperta sua curiosidade em relação a esta foto? Por quê?

2. Na sua opinião, por que os monges estão soltando balões?

3. Você já participou de alguma festa ou celebração semelhante à retratada na foto? Em caso afirmativo, compartilhe sua experiência com os colegas.

4. **SABER SER** Atualmente, no Brasil, a prática de soltar balões é considerada crime ambiental devido ao risco de incêndios. Na sua opinião, quais práticas ou atividades podem ser adotadas em substituição ao uso de balões em festivais e festas populares?

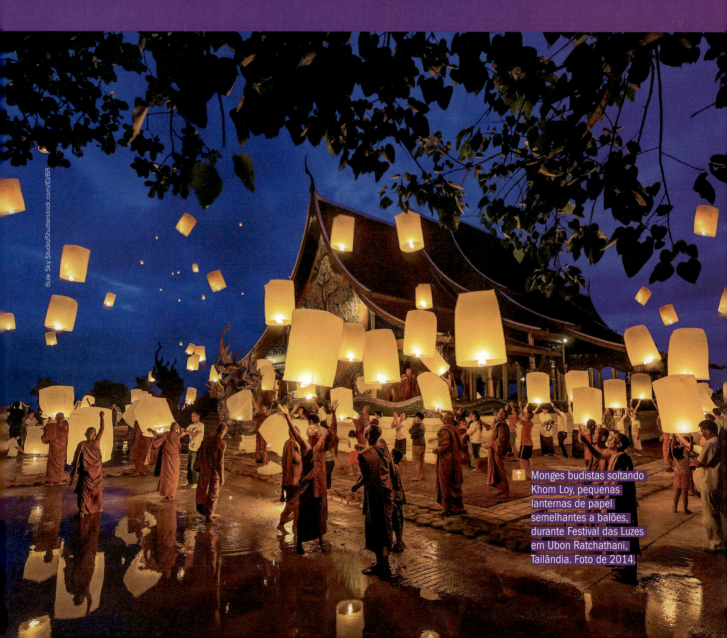

↑ Monges budistas soltando Khom Loy, pequenas lanternas de papel semelhantes a balões, durante Festival das Luzes em Ubon Ratchathani, Tailândia. Foto de 2014.

PARA COMEÇO DE CONVERSA

Você já parou para pensar na quantidade de descobertas feitas pelo ser humano? Sabemos muita coisa por meio da ciência, do que lemos em livros, em revistas, na internet ou vemos no cinema e na TV. E ainda existem acontecimentos e fatos que parecem não ter explicação.

Pense em algo que você já viu e que não entende como funciona ou como surgiu. Também há coisas que nunca vimos de perto, com nossos próprios olhos, como o brilho da Lua, o fundo do mar ou as galáxias do Universo.

- Agora, pense em algo que você considera um mistério e converse com os colegas.
  - a) Com a turma, elabore uma definição para a palavra **mistério** e registre-a no caderno.
  - b) Leia esta afirmação do cientista Albert Einstein e converse com o professor e os colegas sobre o significado dela.

> O mistério da vida me causa a mais forte emoção. É o sentimento que suscita a beleza e a verdade, cria a arte e a ciência.

Albert Einstein. *Como vejo o mundo*. Rio de Janeiro: Nova Fronteira, 1981. p. 9.

↑ Tira de Jota Camelo, 2021.

- c) Leia a charge e relacione o conteúdo dela com as respostas anteriores. Registre e discuta suas conclusões com seus colegas.

↑ Busto de Aristóteles. Reprodução romana em mármore e alabastro do original grego feito por Lísipo no século IV a.C.

CURIOSIDADE FILOSÓFICA

Em seus estudos, o filósofo grego Aristóteles (384 a.C.-322 a.C.) afirma que a filosofia começa com a admiração.

De fato, os homens começaram a filosofar, agora como na origem, por causa da admiração, na medida em que, inicialmente, ficavam perplexos diante das dificuldades mais simples; em seguida, progredindo pouco a pouco, chegaram a enfrentar problemas sempre maiores, por exemplo, os problemas relativos aos fenômenos da lua e aos do sol e dos astros, ou os problemas relativos à geração de todo o universo. Ora, quem experimenta uma sensação de dúvida e de admiração reconhece que não sabe; e é por isso que também aquele que ama o mito é, de certo modo, filósofo: **o mito, com efeito, é constituído por um conjunto de coisas admiráveis**.

Aristóteles. *Metafísica*. São Paulo: Loyola, 2002. p. 11.

- Com a ajuda do professor, interprete o sentido presente na última frase do trecho. Depois, reflita sobre a relação entre a admiração, a filosofia e a busca pela compreensão dos mistérios. Registre suas ideias no caderno.

UNIDADE 2   25

POR DENTRO DA HISTÓRIA

O Universo e seus elementos são um dos mistérios que mais causam curiosidade. A admiração pela Via-Láctea, por exemplo, tem cativado ao longo do tempo muitos cientistas e inúmeras culturas, que explicam a galáxia criando diferentes mitos.

Os seres humanos observam maravilhados o céu noturno, tentando desvelar o que esse agrupamento de bilhões de estrelas esconde. A civilização egípcia acreditava que a Via-Láctea era uma bifurcação do rio Nilo, como um rio no firmamento. O povo Kung, no deserto do Kalahari na África, referia-se a ela como a "espinha dorsal da noite", pois a consideravam a espinha de um grande animal que sustenta o céu, impedindo-o de desabar sobre a Terra. Já para os maias, povos que ocupavam parte da América Central, a Via-Láctea era considerada a "árvore do mundo", pois a parte mais estreita dessa galáxia é visível próxima do horizonte, diferentemente da visão aparente que se tem dela na Europa. Entre os Tapirapé, povo indígena que vive no estado de Mato Grosso, essa galáxia é chamada de "caminho das antas".

Segundo a mitologia grega, Zeus insistiu para que Hera amamentasse Herácles a fim de que este se tornasse imortal. Contudo, sabendo que Herácles não era seu filho, mas, sim, filho de Alcmena, uma mortal seduzida por Zeus, Hera afastou o bebê de seu seio. Ao fazer isso, o leite se espalhou, formando a Via-Láctea, ou seja, um "caminho de leite" entre as estrelas. Esse mito inspirou a produção de diversas obras de arte. Observe a pintura a seguir.

↑ Peter Paul Rubens. *O nascimento da Via-Láctea*, 1636. Óleo sobre tela.

FIQUE SABENDO!

Os **mitos** são histórias cheias de símbolos que narram oralmente acontecimentos do passado e expressam maneiras diferentes de compreender o surgimento da vida e a ordem do Universo. Essas narrativas dão sentido à existência humana, influenciando a religiosidade, o modo de pensar e a vida social de várias culturas.

É importante perceber que os mitos não representam uma visão única. Uma das características das várias narrativas sagradas que compõem o patrimônio cultural de um povo é a diversidade de formas de compreender o Universo e a relação do ser humano com Deus.

As tradições religiosas e o Universo

A diversidade de formas de compreender o Universo possibilita a discussão de um tema importante: a relação entre **imanência** e **transcendência**. Da mesma forma que a ciência, as tradições religiosas também se ocupam de explicar a origem do Universo, sua ordem e o sentido da vida humana no cosmo.

As narrativas sagradas fazem parte da **cosmogonia**, isto é, a doutrina mítica, religiosa ou filosófica que explica a origem do Universo. Por meio dessas narrativas, cada cultura procura esclarecer a própria origem e a de toda a realidade circundante, visando não apenas definir como e por que o mundo se originou, mas também explicar a influência das divindades na vida humana.

Samaúma, também conhecida como árvore da vida, escada do céu, ou mãe das árvores pelos povos indígenas da região amazônica. Parque Ecológico do Janauary, em Manaus (AM). Foto de 2018.

INVESTIGANDO

1 Procure informações sobre os conceitos de imanência e transcendência. Compartilhe com os colegas os resultados de sua pesquisa e, com ajuda do professor, escreva no quadro as principais definições de cada uma.

Imanência	Transcendência
_____	_____
_____	_____
_____	_____
_____	_____

2 Em seguida, converse com o professor e os colegas sobre como esses conceitos se relacionam com as tradições religiosas. Para orientar a discussão, conheça duas perspectivas pelas quais diferentes culturas compreendem as divindades.

Experiências religiosas panteístas

São as mais antigas e identificam Deus como tudo o que existe, formando uma realidade integrada. Alguns exemplos dessas experiências podem ser observados entre os povos indígenas e adeptos do candomblé, acerca dos quais se pode dizer que se caracterizam pela imanência: os deuses estão no mundo, e os seres humanos podem tomar parte na divindade.

Experiências religiosas teístas

Têm caráter mais transcendente, o que significa que, nelas, os deuses estão separados do mundo natural dos seres humanos. As divindades vivem em outros mundos, mas intervêm na realidade humana. Os deuses gregos, por exemplo, viviam no monte Olimpo; e, na tradição do povo hebraico, Moisés se comunicou com Javé (ou Jeová) no monte Sinai.

UNIDADE 2   27

EXPERIÊNCIAS RELIGIOSAS

Uma das experiências de admiração mais autênticas é a interação dos seres humanos com a natureza. As maravilhas naturais têm cativado, ao longo da história, diversas culturas religiosas e inspirado sentimentos de respeito, de cuidado e de preservação, para o bem das futuras gerações.

1 Forme um grupo com quatro colegas e pesquise uma lenda ou um mito, de qualquer tradição religiosa, que se relacione à origem do Universo, do ser humano ou de algum elemento da natureza. Registre a seguir as informações pesquisadas.

Título:

Tradição religiosa:

Breve resumo:

_____
_____
_____
_____
_____
_____
_____

2 Ainda em grupo, organize uma contação de histórias ou uma encenação teatral para apresentar a narrativa escolhida aos colegas da turma. Se quiser, você e o grupo podem escolher figurinos e objetos que ajudem a dar vida à história.

FIQUE LIGADO!

Contos dos Orixás. Salvador: [s.n.], 2019.

Em 2019, Hugo Canuto, quadrinista brasileiro, lançou, de forma independente, uma série de quadrinhos intitulada *Contos dos Orixás*. Na obra, o artista retratou mitos e histórias dos orixás da cultura iorubá, sem relacioná-los diretamente com o candomblé, a umbanda, a santeria ou o ifá. Mais informações sobre o trabalho de Hugo Canuto podem ser encontradas no *site* do artista, disponível em: https://hugocanuto.com/. Acesso em: 25 abr. 2022.

A lenda do açaí

Como vimos, muitas culturas dispõem de mitos e lendas para explicar o surgimento das coisas. Nas culturas indígenas, por exemplo, é comum que as lendas estejam relacionadas aos elementos da natureza. Leia o texto a seguir, que narra a origem do açaí. Depois, quando houver oportunidade, conte essa história às pessoas que você conhece.

Segundo a lenda, antes de os navios portugueses chegarem ao Brasil, um numeroso grupo Tupi vivia na região onde hoje fica a cidade de Belém, no Estado do Pará. Mas, conforme a população aumentava, havia cada vez menos comida à disposição.

Ao ver seu povo passar fome, Itaki, o chefe do grupo, ordenou que toda criança recém-nascida fosse sacrificada para manter a população sob controle até que uma fonte mais abundante de comida fosse encontrada. Ele não abriu qualquer exceção a essa ordem, mesmo quando sua própria filha Iaçá ficou grávida e deu à luz uma menina.

A jovem mãe chorou por dias após perder a filha e rezou para que o deus Tupã mostrasse outro caminho para salvar o grupo da fome e do sofrimento. Certa noite, Iaçá ouviu o choro de uma criança e, ao entrar no mato, viu sua filha sentada ao pé de uma palmeira. Ela estendeu os braços e correu em direção à criança, mas o bebê instantaneamente desapareceu no abraço. Inconsolável, Iaçá caiu sobre a palmeira chorando de coração partido.

No nascer do sol, seu corpo foi encontrado abraçado ao tronco da palmeira, mas seu rosto agora parecia sereno. Os olhos negros de Iaçá estavam voltados para o topo da árvore, onde foram vistos frutos pequenos e escuros. Os homens da comunidade colheram as frutas, liberando seu suco grosso e nutritivo entre os dedos. Itaki percebeu que foi uma benção de Tupã e batizou a fruta em homenagem a sua filha (só que com as letras ao contrário). A ordem de sacrificar bebês foi encerrada, e o grupo nunca mais passou fome.

Ian Walker. Da lenda amazônica a Vanessa Esplendorosa: a história do açaí no Brasil. *BBC News Brasil*, 24 fev. 2019. Disponível em: https://www.bbc.com/portuguese/vert-tra-47260624. Acesso em: 11 fev. 2022.

UNIDADE 2 29

CONEXÕES

A sabedoria presente nas lendas indígenas desperta em nós a curiosidade por compreender a natureza ao nosso redor. A religiosidade indígena é bastante influenciada pela ecologia, que é o estudo da relação entre os seres vivos e o ambiente. Muitas religiões também trazem ensinamentos e reflexões sobre essa relação. Veja a seguir um infográfico que reúne pensamentos de diferentes tradições religiosas e filosofias de vida sobre a ecologia.

Infográfico produzido pelo Centro Cultural Conforti. Disponível no Centro Cultural Missionário, em Brasília (DF). (Adaptado pelo autor desta coleção para fins didáticos.)

Hinduísmo
A terra é mãe, eu sou filho dela. (Atarvaveda) Quem vê o Senhor permanente em tudo o que perece, este vê certo.

Bhagavad Gita XIII

Jainismo
Onde existe uma expressão vivente, animal ou vegetal, como a terra, a água, o vento, a brisa... ali se encontra o sagrado, e não há necessidade de buscá-lo em outro lugar.

Mahavira

Budismo
Assim como a abelha recolhe o néctar sem comprometer ou danificar a cor e o perfume da flor, da mesma maneira a pessoa sábia vive no mundo.

Darmapada de Buda, 49

Cristianismo
Olhem os pássaros do céu [...]. Olhem como crescem os lírios do campo: eles não trabalham nem fiam. Eu, porém, lhes digo: nem o rei Salomão, em toda a sua glória, jamais se vestiu como um deles.

Mateus 6: 26, 28-29

Confucionismo
Eis o fundamento de todas as criaturas: o céu com o nascimento as fornece de um sentido de amor filial e fraterno; a terra as alimenta com comida e vestidos; os homens as completam com ritos e música.

Tung Chung-shu

Siquismo
Homens, árvores, santuários, riachos, nuvens, campos, universos. Ele, o Senhor, conhece a natureza. O Nanak, Ele, o Criador, cuida de todos os seres. Ele criou o mundo e o olha com amor.

Guru Granth Sahib

Taoísmo
O Caminho do céu é mover-se sem interferir em nada. Assim as criaturas se aperfeiçoam.

Zhuangzi XIII, 88

Xintoísmo
A natureza é sagrada; estar em contato com a natureza é estar próximo às divindades.

Segunda afirmação do Shinto

Hopi
Sou parte da Mãe Terra, sinto seu coração bater no meu, sinto sua dor, sua felicidade.

Oração hopi

Judaísmo
Deus disse a Adão: "Olha para as minhas obras como são maravilhosas. Eu criei todas elas e as criei para você. Tenha cuidado, portanto, de não destruir o meu mundo, porque, se você o destruir, não terá mais ninguém que o conserte depois de você".

Eclesiastes Rabá, 7

1 SABER SER Agora, leia novamente esses pensamentos e sublinhe as palavras e frases que mais chamaram sua atenção. Depois, compare suas impressões com as de um colega.

30 UNIDADE 2

A religiosidade na poesia

A relação do ser humano com o Universo e com o ambiente também está presente em muitas manifestações artísticas. Na literatura, podemos encontrar textos inspirados em elementos da natureza, como o céu e as estrelas. Um exemplo são os poemas do escritor brasileiro Olavo Bilac (1865-1918), nascido no Rio de Janeiro. Além de contribuir para a fundação da Academia Brasileira de Letras, Bilac foi um dos poetas nacionais mais populares, tendo sido eleito Príncipe dos Poetas Brasileiros em 1913. O soneto que você vai ler é uma de suas produções mais conhecidas.

> **SONETO:** poema que apresenta forma fixa composta de quatro estrofes, sendo as duas primeiras com quatro versos cada uma e as duas últimas com três versos cada uma.

SONETO XIII

"Ora (direis) ouvir estrelas! Certo
Perdeste o senso!" E eu vos direi, no entanto,
Que, para ouvi-las, muita vez desperto
E abro as janelas, pálido de espanto...

E conversamos toda a noite, enquanto
A via-láctea, como um pálio aberto,
Cintila. E, ao vir do sol, saudoso e em pranto,
Inda as procuro pelo céu deserto.

Direis agora: "Tresloucado amigo!
Que conversas com elas? Que sentido
Tem o que dizem, quando estão contigo?"

E eu vos direi: "Amai para entendê-las!
Pois só quem ama pode ter ouvido
Capaz de ouvir e de entender estrelas."

Olavo Bilac. *Antologia*: poesias. São Paulo: Martin Claret, 2002 (Coleção A Obra-Prima de Cada Autor).

2 Leia o soneto de Olavo Bilac e sublinhe os versos de que mais gostou. Depois, com o professor e os colegas, compartilhe oralmente os versos sublinhados e os motivos de sua escolha e/ou as emoções que esses versos provocaram em você.

3 Em uma folha de papel avulsa, e com base nas frases sublinhadas no infográfico da página anterior, crie um poema que expresse as diferentes mensagens das tradições religiosas e filosofias de vida. Seu poema precisa ter ao menos duas estrofes.

4 Leia para os colegas o poema que você produziu e ouça os que eles escreveram. Depois, organizem juntos um mural com os poemas da turma.

ESPAÇO DE DIÁLOGO

No início desta unidade, comentamos que a ciência e a religião contribuem para explicar a origem da vida e os mistérios da natureza. Você acha que existe uma relação entre ciência e fé?

No documentário *Quem somos nós?*, dirigido por William Arntz, Betsy Chasse e Mark Vicente e lançado em 2004, diversos cientistas analisam as questões do Universo e da experiência humana e indagam sobre quem é Deus.

Leia estes depoimentos apresentados nesse documentário.

↑ Cartaz do documentário *Quem somos nós?*

Deus é o nome usado para explicar as experiências que temos no mundo que, de certa forma, é transcendente e sublime.

Eu não faço ideia do que seja Deus, mas tenho uma experiência de que Deus existe, e há algo muito real sobre essa presença. Eu não sei como definir Deus. Se é uma pessoa ou uma coisa... Eu não sei. Pedir a um ser humano que explique o que é Deus é o mesmo que pedir a um peixe que explique a água na qual ele nada.

Os trechos citados foram traduzidos do filme original em inglês e transcritos pelo autor desta coleção para fins didáticos.

1 Converse com o professor e os colegas sobre essas declarações e escreva a seguir seu depoimento.

_____

_____

2 João Paulo II, pontífice da Igreja católica entre 1978 e 2005, abordou as relações entre fé e razão na encíclica *Fé e razão* (1998). No início do documento, o líder religioso afirma:

> A fé e a razão (*fides et ratio*) constituem como que as duas asas pelas quais o espírito humano se eleva para a contemplação da verdade. Foi Deus quem colocou no coração do homem o desejo de conhecer a verdade [...].

João Paulo II. Carta Encíclica *Fides et ratio*. Disponível em: http://w2.vatican.va/content/john-paul-ii/pt/encyclicals/documents/hf_jp-ii_enc_14091998_fides-et-ratio.html. Acesso em: 11 fev. 2022.

- Com base na discussão realizada na atividade anterior e na citação do papa João Paulo II, como você responderia à pergunta: Existe relação entre ciência e fé? Justifique sua resposta.

_____

_____

_____

Uma discussão importante

A relação entre ciência e fé é um tema apaixonante que atrai a atenção de cientistas, teólogos e filósofos, artistas, entre tantos outros estudiosos. O diálogo entre esses especialistas é extremamente importante para a difusão do conhecimento e para o aprimoramento da vida em sociedade, pautada no respeito e abertura à diversidade de saberes.

3 Agora, você vai escolher duas pessoas para uma entrevista cujo tema é a relação entre ciência e fé. Para isso, leia estas orientações.

- Um dos entrevistados deve ser um professor de qualquer área do conhecimento; o outro, um representante religioso ou uma pessoa adepta de alguma religião.
- Antes de fazer as perguntas, conte ao entrevistado sobre o que você está estudando nesta Unidade.
- Questione os entrevistados: Existe relação entre a ciência e a fé? Em caso afirmativo, como você percebe essa relação? Em caso negativo, explique por que você acredita que não há relação entre a ciência e a fé.
- Grave as respostas dos entrevistados e, depois, transcreva-as nos espaços a seguir.
- Compartilhe com o professor e os colegas as respostas de seus entrevistados e ouça também o resultado das outras entrevistas feitas pela turma. Depois, no caderno, faça uma síntese do que ouviu e de suas impressões sobre o tema.

Nome do professor entrevistado:	Nome do entrevistado:
Área de conhecimento do professor:	Religião do entrevistado:
Resposta às perguntas:	Resposta às perguntas:

UNIDADE 2   33

ATITUDES DE PAZ

Em suas diversas experiências religiosas, as pessoas buscam cultivar valores ou bens que lhes permitam aproximar-se de Deus. Na Bíblia dos cristãos, por exemplo, encontramos a seguinte mensagem:

> Não procuramos as coisas visíveis, mas as invisíveis; porque as coisas visíveis duram apenas um momento, enquanto as invisíveis duram para sempre.

2 Coríntios 4: 18

1 Você já ouviu alguém dizer "A gente não leva nada desta vida"? Entreviste três pessoas adultas e pergunte a elas o significado que atribuem a essa frase. Registre as respostas no quadro.

Entrevistado 1:
_____
_____
_____

Entrevistado 2:
_____
_____
_____

Entrevistado 3:
_____
_____
_____

2 Após finalizar as entrevistas, responda: O que você percebeu nas respostas dos entrevistados? Você concorda com eles?
_____
_____
_____
_____

3 Compartilhe suas conclusões oralmente com os colegas e o professor.

SABER SER

Os impactos ambientais do consumo

O consumo exagerado de mercadorias (roupas, alimentos, eletrônicos, etc.) é uma das questões ambientais mais impactantes na atualidade. Quanto mais consumimos, mais resíduos geramos e mais lixo acumulamos. Se não forem descartados corretamente, os resíduos poluem solo, rios, mares e geram efeitos degradantes irreversíveis para o ambiente.

- No caderno, responda: Você e sua família precisam de tudo o que possuem? E utilizam tudo o que têm? Não há roupas ou objetos que poderiam ser doados? Há desperdício de alimentos em sua casa?

Por falar em amizade...

Você já leu o livro *O pequeno príncipe*, do autor francês Antoine de Saint-Exupéry ou assistiu ao filme de animação homônimo? Conhece a história da amizade entre o príncipe e a raposa? Nessa história, a relação de amizade entre essas personagens nos transmite um bonito ensinamento.

4 Que tal tentar descobrir um dos ensinamentos do livro? Para isso, associe as letras aos respectivos *emoticons*, conforme o diagrama a seguir. Depois, acentue as palavras quando necessário.

↑ *O pequeno príncipe*, de Antoine de Saint-Exupéry.

↓ Cena da animação *O pequeno príncipe*. Direção: Mark Osborne. França, Estados Unidos, 2015 (108 min).

AMPLIANDO HORIZONTES

Na unidade anterior, refletimos sobre a vida no planeta e a urgência em mudar nossos hábitos. Nesta unidade, estudamos como as diversas tradições religiosas percebem a presença de Deus na ordem do Universo, causando admiração naqueles que as seguem e incentivando o esforço permanente em explicar os mistérios da vida.

Essa percepção nos deixa uma mensagem ecológica importante: as tradições religiosas consideram a natureza um bem sagrado, que precisa ser cuidado e respeitado por todos.

Em 2016, a Rede Eclesial Pan-Amazônica (Repam) produziu uma série de rádio composta de vinte programas, cada um com duração de dez minutos, no intuito de despertar uma consciência ecológica nas pessoas. Cada capítulo da série aborda um tema em especial, de forma criativa e com linguagem simples.

↑ Cartaz de divulgação da série *Laudato Si'*.

Leia a seguir os títulos dos programas dessa série.

- Irmã Terra
- Irmão Ar
- Irmãos Pássaros
- Irmão Gelo
- Irmão Milho
- Irmão Sol
- Irmãos Peixes
- Irmã Chuva
- Irmão Ouro
- Irmão Mar
- Irmã Soja
- Irmã Neve
- Irmão Macaco
- Irmã Água
- Irmão Coltan
- Irmã Minhoca
- Irmão Petróleo
- Irmã Amazônia
- Irmãs e irmãos
- Mudar de rumo

1 Com a turma, leia os títulos dos programas e converse sobre os possíveis assuntos abordados em cada um deles. Se possível, escute com o professor aqueles que mais lhe chamaram a atenção e reflita sobre o que ouviu. Todos os programas da série estão disponíveis em: https://mx.ivoox.com/es/podcast-laudato-si-sobre-o-cuidado-nossa-casa_sq_f1284453_1.html (acesso em: 18 mar. 2019).

2 **SABER SER** Agora, que tal promover uma ação para incentivar a cidadania ecológica? Em grupo com mais quatro colegas, você vai criar e gravar um programa de rádio ou *podcast* de aproximadamente cinco minutos. Para isso, você e o grupo vão precisar de um gravador ou aparelho celular. Leia as orientações.

- O tema do programa precisa remeter ao cuidado com a natureza, e o assunto abordado deve se relacionar com o cotidiano da escola, do bairro ou da cidade. Com os colegas de grupo, escolha um tema e faça uma pesquisa sobre ele.
- Com base nos resultados da pesquisa, elaborem juntos um roteiro para a gravação do programa. Sejam criativos na gravação, intercalando as vozes e alguns comerciais (também produzidos por vocês e relacionados à ecologia).
- Com um gravador ou celular, gravem o programa de rádio ou *podcast*. Escutem toda a gravação para verificar se a qualidade ficou boa (som limpo, conteúdo audível, volume adequado). Caso seja necessário, realizem os ajustes para a apresentação final.
- Com a ajuda do professor, transfiram as gravações para um computador e escutem os programas realizados pela turma.
- Depois de ouvir todos os programas, divulgue-os na escola, em casa e entre os amigos, com a intenção de sensibilizar o maior número de pessoas sobre o assunto. Caso a escola tenha um *blog* ou uma página na internet, vocês podem pedir ao responsável que divulgue ali os programas criados pela turma.

PROJETO CIDADANIA

PARTIDA › **REALIDADE** › AÇÃO › CHEGADA

Conhecendo paisagens religiosas

Como vimos na etapa anterior, paisagem é tudo aquilo que percebemos por meio dos sentidos. Dessa forma, ao observar uma paisagem, identificamos as diferentes características e os diferentes elementos que a compõem.

As fotos a seguir mostram dois exemplos de paisagens. Observe-as com atenção. Nessas paisagens, percebemos tanto os **elementos naturais** (árvores e demais formas de vegetação, etc.) quanto os **elementos humanizados** (construções, ruas, etc.) que as compõem. Além disso, podemos deduzir que há elementos que não estão presentes nelas, como os sons, os cheiros, e até imaginar como são as práticas religiosas e o dia a dia das pessoas que frequentam estes templos.

↑ Templo pela paz mundial, centro de meditação da tradição budista Kadampa, localizado em Cabreúva (SP).

PARA REFLETIR

1. Que elemento está presente nas duas fotos e sugere que elas retratam paisagens religiosas?

2. Em sua opinião, como as comunidades religiosas podem transformar o espaço onde realizam suas atividades?

3. Você acha possível pessoas de diferentes religiões conviverem respeitosamente em um mesmo espaço? Explique.

← Igreja de São Martim em Três Coroas (RS). Foto de 2022.

As paisagens religiosas de onde vivo

Agora que você já sabe reconhecer alguns dos elementos que compõem uma paisagem, que tal conhecer um pouco mais as paisagens religiosas da região onde você mora? Para isso, leia os passos a seguir.

1º PASSO: Com a orientação do professor, forme grupo com mais alguns colegas e, juntos, identifiquem e façam uma lista dos locais religiosos do lugar onde vocês vivem e escolham os que vocês desejam conhecer.

Se considerarem oportuno, dividam-se em grupos. Cada grupo vai ficar responsável por um dos locais indicados na lista.

2º PASSO: Façam uma pesquisa sobre esses locais em *sites*, livros e revistas. Se possível, combinem uma visita a esses locais, acompanhados de um adulto. Observem, escutem e sintam as paisagens religiosas do lugar onde vocês vivem. Conversem com as pessoas que frequentam esses espaços. Reúnam o maior número de informações possível.

3º PASSO: Organizem as informações obtidas pelo grupo e preparem a apresentação delas à turma, seguindo as orientações do professor. Aproveitem a oportunidade para compartilhar as percepções e as curiosidades que descobriram.

4º PASSO: Ao término desse passo, preencham a ficha a seguir com as informações solicitadas.

Nome do município e dos bairros das paisagens religiosas pesquisadas:
Sobre as paisagens religiosas pesquisadas
Elementos naturais:
Elementos arquitetônicos ou humanizados:
Sobre as religiões pesquisadas
Lugar destinado aos mortos:
Festas religiosas, locais de peregrinação, expressões culturais:
Ações sociais das religiões (escolas, hospitais, projetos sociais, etc.):
Outras informações observadas:

UNIDADE 2

3 DEUS E OS REGISTROS ESCRITOS

1 Na sua opinião, por que praticantes de determinadas religiões consideram certos livros como sagrados e consideram sua leitura importante?

2 Como você imagina que os livros sagrados foram criados? Conhece a história da origem de algum desses livros? Em caso afirmativo, compartilhe o que sabe com os colegas.

3 De que forma as pessoas de sua família ou comunidade costumam registrar aquilo que consideram sagrado?

4 SABER SER Na sua opinião, é importante registrar os acontecimentos considerados essenciais? Por quê?

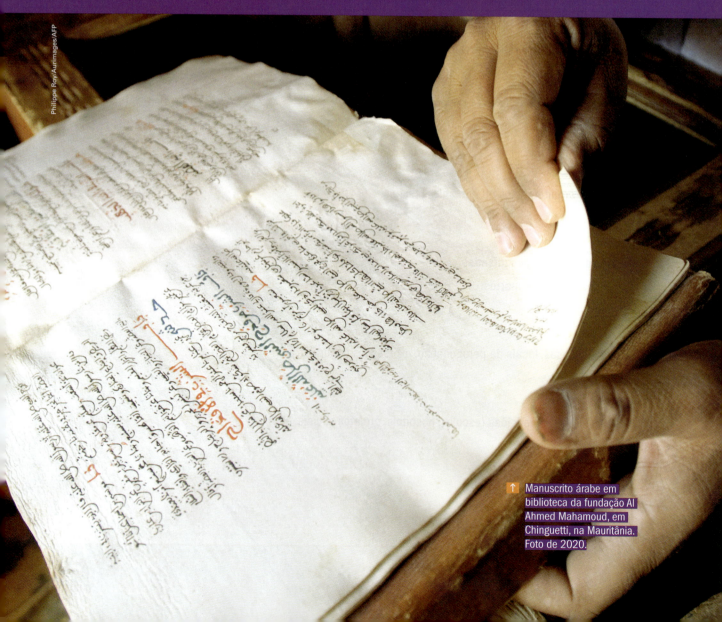

↑ Manuscrito árabe em biblioteca da fundação Al Ahmed Mahamoud, em Chinguetti, na Mauritânia. Foto de 2020.

PARA COMEÇO DE CONVERSA

A escrita foi uma das criações humanas que mais contribuíram para a disseminação dos diversos tipos de conhecimento. A importância da função dos registros escritos e a diversidade de suas expressões têm cativado pesquisadores, artistas e muitas outras pessoas. Você já pensou como seria a nossa vida sem a escrita?

Os registros escritos, quando documentados, se tornam fontes históricas, e o contato com essas fontes nos permite fortalecer a nossa identidade social, cultural e também religiosa. Um exemplo disso é o trabalho feito nos cartórios.

A função do cartório é registrar, autenticar e arquivar certidões, escrituras e outros documentos. No cartório, concentram-se atividades como o registro civil de pessoas físicas e pessoas jurídicas, o registro de imóveis e o de títulos.

↑ Paulo Freire em sua casa em São Paulo (SP). Foto de 1994.

CURIOSIDADE FILOSÓFICA

O educador e filósofo pernambucano Paulo Freire (1921-1997), cujos trabalhos tratam de temas como alfabetização, escrita e leitura, é uma das referências na educação brasileira. Segundo ele:

> Ler é procurar ou buscar criar a compreensão do lido; daí, entre outros pontos fundamentais, a importância do ensino correto da leitura e da escrita. É que ensinar a ler é engajar-se numa experiência criativa em torno da compreensão. Da compreensão e da comunicação.

Paulo Freire. *Professora sim, tia não*: cartas a quem ousa ensinar. São Paulo: Olho d'Água. 2000. p. 20.

← A certidão de nascimento é um documento feito no cartório.

- Com a ajuda do professor, responda oralmente: Para Paulo Freire, o que significa ler? Você concorda com a opinião dele? Justifique.

- Leia a tira a seguir e converse com os colegas e o professor sobre a relação da escrita com a religião.

← *O artista primordial*. Tira Bichinhos de jardim, de Clara Gomes, 2008.

UNIDADE 3   41

POR DENTRO DA HISTÓRIA

A escrita, assim como os relatos orais, tem sido testemunho da experiência religiosa da humanidade. A memória escrita registra a tradição religiosa e constitui uma de suas principais fontes de fé.

A seguir, acompanhe uma visão panorâmica de alguns destaques da escrita sagrada na história da humanidade.

O livro dos mortos

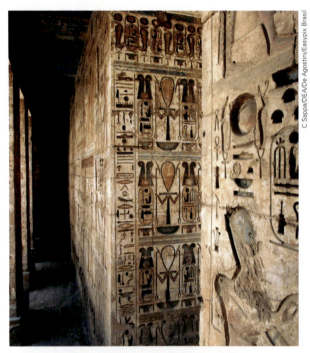

↑ Templo em Medinet Habu, na cidade de Luxor, Egito. Os hieróglifos nas paredes do templo funerário de Ramsés III compõem um relato detalhado das guerras desse faraó contra seus inimigos.

A escrita hieroglífica (do grego *hieros*, "sagrado", e *ghyhhein*, "gravar") foi desenvolvida pelos egípcios aproximadamente no terceiro milênio antes de Cristo, com o objetivo de narrar rituais religiosos, militares e políticos em túmulos, templos e monumentos.

Em outubro de 2017, o Instituto Oriental da Universidade de Chicago apresentou a exposição *O livro dos mortos: tornando-se deus no Antigo Egito*. O livro dos mortos, conhecido como livro de sair para a luz, é um pergaminho com orações e rituais destinados a ajudar os mortos em sua viagem para o além. Sobre a exposição, o curador Foy Scalf comentou:

A exposição demonstra como os antigos egípcios desenvolveram o Livro dos Mortos para enfrentar a ansiedade mortal da humanidade [...]. Eles acreditavam que o Livro dos Mortos estava imbuído de poder mágico e quando este poder mágico foi combinado com os rituais funerários apropriados, cada indivíduo poderia se tornar um deus imortal na vida após a morte e assumir a identidade de Osíris, o deus dos mortos.

Márcia Jamille Costa. Exposição explica os poderes mágicos do livro dos mortos. Disponível em: http://arqueologiaegipcia.com.br/tag/livro-dos-mortos/. Acesso em: 15 fev. 2022.

Na tradição tibetana, o livro dos mortos tem o título de *Bardo thödol*, que significa "libertação pela audição no plano pós-morte". Esse livro é recitado para quem está morrendo ou já morreu, pois os tibetanos acreditam que, mesmo depois da morte, a pessoa pode assimilar os ensinamentos que lhe são transmitidos pela leitura.

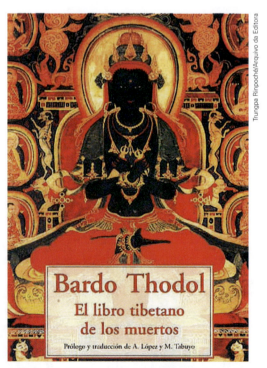

↑ Capa de edição em espanhol do *Bardo thödol*, o livro tibetano dos mortos.

O decálogo

A tradição judaico-cristã narra que, no monte Sinai, Deus fez uma aliança com seu povo e sua expressão foi o decálogo (isto é, os dez mandamentos) que entregou a Moisés para que todos possam orientar felizmente suas vidas. São preceitos breves e gerais, repartidos em deveres para com Deus e para com o próximo, e que não distinguem sexo, idade, classe e não se limitam a uma determinada época.

Os Dez Mandamentos estão registrados na Bíblia, no livro do Êxodo (20: 1-17) e do Deuteronômio (5: 6-21), ou, respectivamente, nos livros Shemot e Devarim, da Torá, livro sagrado do judaísmo.

As cartas paulinas

As cartas escritas pelo apóstolo Paulo foram referências para as comunidades cristãs nas cidades mais importantes do Império Romano. Atribui-se ao apóstolo a autoria de catorze cartas do Novo Testamento, escritas no decorrer de cerca de cinquenta anos, durante a segunda metade do século I da Era Cristã, mas não se tem certeza de que todas são de sua autoria.

Para Paulo, as cartas foram um meio de se comunicar com as comunidades cristãs recém-formadas. Apoiado no Evangelho, o apóstolo ajudou os primeiros cristãos a enfrentar os problemas e as necessidades que viviam.

Atualmente, estudiosos da modalidade conhecida como educação a distância atribuem a Paulo as primeiras experiências desse tipo de ensino, por causa das correspondências que esse apóstolo manteve com os cristãos da época.

↑ Fólio da primeira carta de Paulo aos Coríntios de um códice que contém as epístolas paulinas (P46), escrito em grego e datado de 200 a.C.

[
FÓLIO: cada uma das folhas de um livro manuscrito.
CÓDICE: grupo de folhas manuscritas de pergaminho, unidas em um livro.
]

INVESTIGANDO

1. Procure, em um exemplar impresso ou *on-line* da Bíblia, a mensagem que o apóstolo Paulo escreveu na segunda carta a Timóteo (capítulo 3, versículos 16-17) e, a seguir, realize as atividades.

   a) Transcreva essa passagem.

   _____

   _____

   b) Converse com o professor e os colegas sobre o significado dessa mensagem segundo a tradição cristã. Após a reflexão, escreva uma frase na qual explique o que entendeu dessa mensagem.

   _____

   _____

UNIDADE 3 43

EXPERIÊNCIAS RELIGIOSAS

A maioria dos textos sagrados corresponde a ensinamentos que podem ser transmitidos de forma oral e escrita pelas diferentes culturas religiosas. Mas você sabe o que faz com que um texto se torne sagrado? Qual é a função do texto sagrado para as tradições religiosas? Leia o trecho a seguir e veja se você consegue encontrar algumas respostas a essas perguntas.

A expressão oral é uma das primeiras formas do processo de transmissão acerca do sagrado que é passado de geração em geração, ou seja, os mais velhos ensinam os mais novos. Esses ensinamentos estão ligados aos mitos de criação do mundo, do homem, de explicações sobre os acontecimentos da vida, dos fenômenos naturais, da origem divina e da vida em sociedade. Ainda hoje encontramos tradições religiosas que mantêm ensinamentos a respeito do sagrado somente pela oralidade [...].

Muitas dessas narrativas orais sobre os acontecimentos religiosos, em algumas tradições, foram compiladas em textos escritos, transformando-se em livros sagrados, tais como a Bíblia, o Alcorão, a Torá, os Vedas, etc.

[...]

Podemos dizer que os textos sagrados escritos têm a função de:

- **registrar** a tradição religiosa como forma de preservar a experiência religiosa fundante, assim a religião organiza sua estrutura religiosa, seus ritos, símbolos, mensagens, entre outras;
- **comunicar** a experiência religiosa aos fiéis da religião, a fim de que o "divino" se faça presente para o homem religioso e o grupo encontre orientações e ensinamentos;
- **atualizar** a experiência original no tempo e espaço, afinal, independente do período, o texto sagrado mantém a mesma estrutura, sendo utilizado para orientar a vida do homem nos cultos e na educação religiosa;
- **certificar**, por meio de seus escritos, as experiências religiosas do grupo em todos os tempos.

[...]

Os textos sagrados escritos, para algumas tradições religiosas, são criados a partir da manifestação e/ou inspiração divina, ou seja, o próprio divino se faz presente de alguma maneira para enviar a mensagem ao homem religioso.

No entanto, é importante lembrar que alguns textos sagrados não nascem necessariamente sagrados, mas se tornam sagrados à medida que o grupo encontra, nos textos escritos, elementos que os unem em um mesmo ensinamento, apresentam valores comuns e auxiliam o homem religioso a experimentar a manifestação do Sagrado.

Também outra forma de um texto se tornar sagrado é após a morte do líder. Como exemplo: após a morte de Buda, seus ensinamentos foram organizados e transformados em livros pelos seus seguidores.

Os conteúdos encontrados nos textos sagrados são variados. É difícil descrever no que consiste cada um de forma geral.

Roseli Correia de Barros Casagrande. Os textos sagrados e os mitos. Em: *Ensino religioso*: diversidade cultural e religiosa. / Paraná. Secretaria de Estado da Educação. Superintendência da Educação. Curitiba: Seed-PR, 2013. p. 114-122. Disponível em: http://www.ensinoreligioso.seed.pr.gov.br/arquivos/File/livro_er_19_3_2015.pdf. Acesso em: 18 fev. 2022.

---

1 Leia novamente o texto e grife os trechos que, em sua opinião, melhor explicam o que são textos sagrados.

2 Escolha três palavras ou expressões que caracterizem um texto sagrado e registre-as no caderno.

Os ensinamentos dos textos sagrados

O Alcorão: leitura e recitação

O Alcorão, também conhecido como Corão, é o livro sagrado do islamismo, e seu nome significa "recitado" ou "lido". Trata-se de escrito em árabe composto de 114 capítulos, também chamados de suras ou suratas. Cada um dos capítulos é dividido em versículos e inclui uma oração.

Segundo a tradição muçulmana, durante mais de vinte anos Deus revelou o Alcorão ao profeta Maomé por meio de visões e de mensagens. Os muçulmanos acreditam que o Alcorão é a verdadeira palavra de Alá, isto é, "Deus". É a esse livro sagrado que eles atribuem a palavra final sobre questões legais, sociais e religiosas islâmicas.

↑ Muçulmanos lendo o Alcorão durante o mês do Ramadã, em Sanaã, no Iêmen. Foto de 2021.

Os Vedas: saber e conhecimento

Os Vedas constituem uma coletânea de textos compilados por volta de 3000 a.C. Nesses escritos, os antigos sábios obtinham revelações acerca de hinos, de orações e de textos ritualísticos.

De acordo com a tradição hindu, os Vedas podem ser divididos em duas partes:
- 1ª parte: Shruti (ouvidos) – textos revelados;
- 2ª parte: Shmriti (lembrados) – produzidos pelos homens.

Os Vedas evocam a tolerância e a convivência pacífica entre todos os seres, independentemente do credo religioso.

A Torá: a instrução

A Torá, composta pela lei escrita e a lei oral, é para os fiéis judeus uma orientação para suas vidas. A parte escrita (Tanach) contém os cinco livros de Moisés (Gênesis, Êxodo, Levítico, Números e Deuteronômio), os Profetas e os Escritos.

Segundo a tradição judaica, Moisés recebeu de Deus, além dos Dez Mandamentos, a lei oral, transmitida de geração em geração com o objetivo de explicar e esclarecer a lei escrita, que terminaria sendo transcrita no Talmud e no Midrash.

Dessa forma, o conteúdo da Torá integra os Dez Mandamentos e mais 613 mandamentos (mitzvot) que instruem os fiéis judeus a realizar ou evitar determinadas ações em suas atividades diárias, rituais e obrigações morais.

Nas celebrações religiosas judaicas, quando a Torá é erguida, os fiéis ficam em pé e exclamam: "Esta é a Lei que Moisés promulgou para os filhos de Israel" (Deuteronômio 4: 44).

↑ Menino lendo a Torá em seu Bar Mitsvah, em Jerusalém. Foto de 2008. Na foto, é possível perceber que a Torá é lida com o auxílio do Yad ou Iad, objeto que atua como ponteiro ritual judaico, utilizado para acompanhar a leitura do texto sagrado em pergaminho. O uso desse objeto evita que o pergaminho seja danificado e resguarda a sacralidade da Torá.

CONEXÕES

Nas páginas anteriores, você conheceu alguns textos sagrados de diferentes tradições religiosas. Mas você sabia que a Bíblia, texto sagrado do cristianismo, consiste em uma espécie de "biblioteca", com 73 livros para os católicos e para os ortodoxos, e 66 livros para os evangélicos ou protestantes?

1. O infográfico a seguir retrata a divisão da Bíblia utilizada pelos católicos. Observe-o com atenção e responda ao que se pede.

   a) Qual é a principal divisão feita nos livros que compõem essa Bíblia?
   b) Essa divisão leva um evento em consideração. Qual é esse evento?
   c) Indique quais são as outras subdivisões feitas nessa Bíblia e pesquise sobre as suas características.

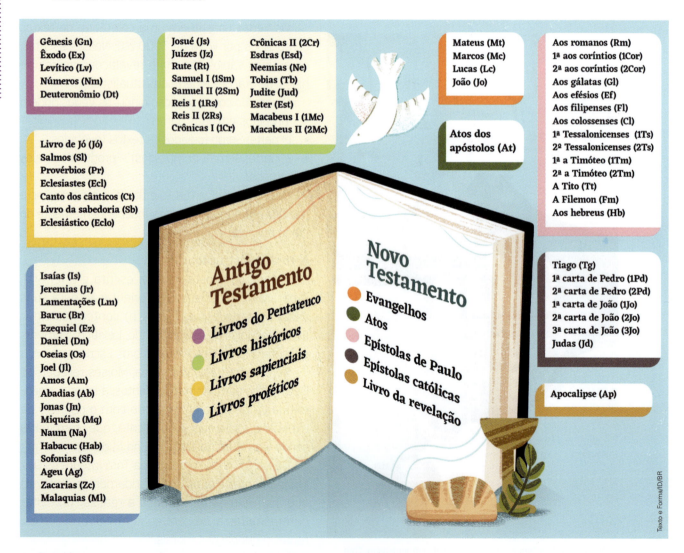

2. Escolha um dos livros da Bíblia e busque informações sobre a sua autoria, o período em que esse texto foi escrito, seu gênero literário e a mensagem nele transmitida. Depois, elabore um cartaz com o resultado de sua pesquisa e apresente-o aos colegas e ao professor.

UNIDADE 3

Os textos são registros da nossa história

Nesta unidade, vimos a importância dos registros escritos para a nossa história cultural e social e também para a nossa identidade. Esse tema foi abordado no filme *Central do Brasil*, que retrata a experiência de Dora, uma professora aposentada que redige cartas na estação Central do Brasil, na cidade do Rio de Janeiro (RJ). Pessoas que não sabem ler nem escrever a procuram na estação para escrever aos parentes e amigos distantes. Cartas são importantes documentos históricos nos quais são registrados fragmentos das histórias de pessoas e, ao mesmo tempo, da coletividade que elas representam, de suas identidades, seus territórios, suas lutas e suas expressões de fé.

O longa-metragem também destaca a amizade da professora e do menino Josué, construída ao longo de uma viagem que ambos fazem para o fictício povoado de Bom Jesus do Norte, que, na trama, fica no Nordeste brasileiro, em busca do pai do menino. A forma como a viagem pelo sertão é representada no filme evoca a ideia de narrativa da história de vida, do registro de afetos e do comunicar sentidos. Em entrevista para o portal *UOL*, em 2018, ocasião de comemoração dos vinte anos de lançamento do filme, a atriz Fernanda Montenegro, que interpreta a professora Dora, expressou: "Eu acho que o que o filme tem de mais bonito vinte anos depois é esse demorado adeus de uma humanidade que se encontra, que se ampara e que sai de lá renascida" (Rodolfo Vicentini. "Central do Brasil", 20 anos: o filme que definiu o Brasil pré-internet. *UOL*, 31 out. 2018. Disponível em: https://entretenimento.uol.com.br/noticias/redacao/2018/10/31/central-do-brasil-20-anos-walter-salles-vinicius-de-oliveira-fernanda-montenegro.htm. Acesso em: 21 set. 2022).

As cartas, no filme, representam fontes de conexão e de encontro entre parentes e amigos. Para a personagem Josué, são também uma forma de devoção ao padre Cícero, importante figura religiosa popular no Nordeste brasileiro.

Observe, a seguir, uma cena do filme.

FIQUE LIGADO!

Central do Brasil. Direção: Walter Salles. Brasil, 1998 (113 min).

O longa-metragem apresenta o cotidiano de Dora, uma professora de Língua Portuguesa aposentada que, ao conhecer o menino Josué, embarca em uma jornada pelo sertão nordestino em busca do pai do garoto.

Se possível, assista ao filme com sua família ou com colegas. Juntos, discutam a importância das cartas como registros históricos.

↑ Os atores Fernanda Montenegro e Vinícius de Oliveira interpretando Dora e Josué no filme *Central do Brasil*, de 1998, dirigido por Walter Salles.

3 No caso do filme *Central do Brasil*, o que o registro escrito representa? Justifique sua resposta.

4 Você considera os registros escritos importantes para a preservação da história de um povo? Por quê?

UNIDADE 3 · 47

ESPAÇO DE DIÁLOGO

As tradições religiosas do Oriente dispõem de diversos livros sagrados que visam apresentar caminhos para alcançar a felicidade mediante a prática de virtudes. Conheça alguns exemplos.

O Tao te ching, a lei do Universo e o caminho da virtude

A tradição taoísta atribui a autoria do livro *Tao te ching* a Lao-Tsé, pensador do século VI a.C. Trata-se de um pequeno livro com aproximadamente 5 000 caracteres, dividido em 81 capítulos, cuja mensagem evidencia o caminho da vida humana e seu esforço para harmonizar-se com o caminho do Universo. Leia um trecho dele a seguir.

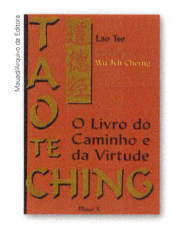

Por isso, o Homem Sagrado abraça a unidade

Tornando-a o modelo sob o céu

Não julga por si, por isso é óbvio

Não vê por si, por isso é resplandecente

Não se vangloria, por isso há realização

Não se exalta, por isso cresce

Só por não disputar, nada pode disputar com ele.

Tao te ching: o livro do caminho e da virtude (Dào dé jing), de Lao Tsé. Tradução direta do chinês e comentários de Wu Jyh Cherng. Rio de Janeiro: Mauad X, 2011. p. 32.

Tripitaca: os três cestos da sabedoria

O Tripitaca, escrito em língua páli e um dos principais textos sagrados do budismo, conta sobre a vida de Sidarta Gautama, o Buda, e reúne seus sermões. Relatado por discípulos de Sidarta, esse texto está organizado em três seções principais: Vinaya Pitaka, que contém regras de vida comunitária para monges e monjas; Sutta Pitaka, coleção de sermões do Buda e de discípulos veteranos; e Abidarma Pitaka, que apresenta interpretações e análises de conceitos budistas.

Na tradição budista, há outros livros sagrados com ensinamentos de Buda, entre eles os Sutras e o Darmapada. Buda não deixou nada escrito; o que sabemos sobre ele foi registrado por seus seguidores. Mas é certo que Sidarta Gautama nasceu em torno de 560 a.C. no atual Nepal.

Monges estudando textos sagrados em monastério budista em Bihar, na Índia. Foto de 2018.

A leitura dos livros sagrados

Na busca por aproximar-se da mensagem dos livros sagrados, as tradições religiosas estabelecem alguns critérios para a interpretação e a compreensão desses textos. Tais critérios visam promover uma leitura mais proveitosa, evitando interpretações fundamentalistas, que desconsideram os saberes da tradição e do contexto histórico e podem provocar práticas de intolerância religiosa.

- O livro sagrado é o centro da tradição religiosa e deve ser respeitado.
- Ele apresenta diferença entre o tempo em que o texto foi escrito e o tempo em que o leitor vive. Portanto, são necessários instrumentos para compreendê-lo e atualizá-lo.
- Apresenta a experiência religiosa sagrada.
- Os livros sagrados podem apresentar nos seus textos diversas fases, ou seja, textos escritos em tempos diferentes, de autorias diversas, em linguagens diferentes, etc.
- A mensagem escrita no livro sagrado é preservada ao longo do tempo. Mesmo que essa mensagem tenha sido escrita em um período que não é o atual, ela leva a uma experiência religiosa que revela significado e orientação para o grupo religioso que a segue.
- Para a compreensão da mensagem, o leitor deve respeitar as normas estabelecidas pela própria manifestação religiosa.
- A narrativa da escrita é sagrada, e não científica. O homem religioso, quando abre o livro sagrado, encontra uma mensagem de orientação para a sua vida.

Roseli Correia de Barros Casagrande. Os textos sagrados e os mitos. *Ensino religioso*: diversidade cultural e religiosa. / Paraná. Secretaria de Estado da Educação. Superintendência da Educação. Curitiba: SEED-PR, 2013. p. 127-128. Disponível em: http://www.ensinoreligioso.seed.pr.gov.br/arquivos/File/livro_er_19_3_2015.pdf. Acesso em: 18 fev. 2022.

- **SABER SER** Se você tivesse que ajudar um amigo a fazer uma leitura dos textos sagrados, que dicas você daria a ele? Registre pelo menos três sugestões.

_____

_____

UNIDADE 3 49

ATITUDES DE PAZ

Você conhece a história de Martinho Lutero? Nascido em 1483, em Eisleben, na Alemanha, ele se tornou monge agostiniano e promoveu em seu país a chamada Reforma Protestante, movimento que deu origem a novas formas de praticar o cristianismo na Europa.

Indignado com as práticas de alguns religiosos católicos de sua época, Lutero escreveu uma crítica em 95 teses e fixou-as na porta da igreja de Wittenberg, em 1517. Após esses atos, foi acusado de heresia pelos católicos, mas optou por não se retratar. Assim, ele foi excomungado da Igreja católica e preso. Na prisão, Lutero traduziu parte da Bíblia do latim para o alemão.

1. Faça uma pesquisa sobre a Reforma Protestante e procure descobrir de que modo ela contribuiu para fortalecer a Escritura Sagrada como uma das principais fontes de fé para o cristianismo. Registre suas descobertas no caderno.

2. Leia a seguir o trecho da homilia do papa Francisco em comemoração aos 500 anos da Reforma Protestante. Então, com base no resultado da pesquisa realizada na atividade 1, discuta com o professor e os colegas sobre o diálogo entre a Igreja luterana e a Igreja católica.

↑ Encontro entre o papa Francisco e o arcebispo da Igreja luterana na Nigéria, Musa Filibus, na Cidade do Vaticano. Foto de 2021.

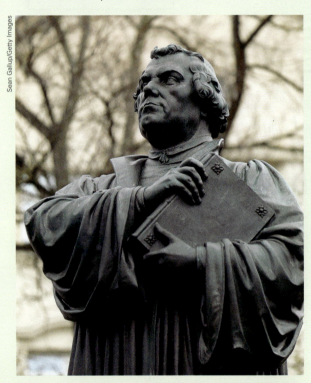
↑ Monumento dedicado a Martinho Lutero em Eisenach, na Alemanha. Foto de 2017.

HERESIA: palavra que geralmente designa uma ideia ou teoria contrária à doutrina estabelecida por algum grupo, como no caso da Igreja católica.
EXCOMUNGADO: é uma condição imposta a alguém que foi censurado pela Igreja. A excomunhão proíbe a pessoa de participar da comunhão dos crentes, dos ritos ou sacramentos de uma igreja, bem como dos direitos de filiação à igreja.

> Nós, católicos e luteranos, começamos a caminhar juntos pela senda da reconciliação. [...] Com gratidão, reconhecemos que a Reforma contribuiu para dar maior centralidade à Sagrada Escritura na vida da Igreja. Através da escuta comum da Palavra de Deus nas Escrituras, o diálogo entre a Igreja Católica e a Federação Luterana Mundial, cujo cinquentenário celebramos, deu passos importantes. Peçamos ao Senhor que a Palavra nos mantenha unidos, porque Ela é fonte de alimento e vida; sem a sua inspiração, nada podemos fazer.

Oração ecumênica na catedral luterana de Lund. Homilia do Santo Padre. Disponível em: https://www.vatican.va/content/francesco/pt/homilies/2016/documents/papa-francesco_20161031_omelia-svezia-lund.html. Acesso em: 16 fev. 2022.

3. Faça uma pesquisa sobre em que consiste o diálogo ecumênico. Registre no caderno o resultado de sua pesquisa.

Os textos sagrados e a paz

Os textos sagrados vão muito além de ensinamentos específicos sobre a tradição religiosa a que estão associados. Muitos deles trazem mensagens relacionadas ao próximo, ao bem comum e à paz.

4 Leia os ensinamentos dos textos sagrados a seguir e responda no caderno: Como você resumiria a mensagem de paz que essas tradições religiosas transmitem?

Hinduísmo

Todo aquele que hoje é meu amigo esteja em paz; todo aquele que é meu inimigo, também ele esteja em paz.

Vedas

↑ Fólio de uma série do Bhagavata, do século XVII.

Judaísmo

Javé lhe mostre seu rosto e lhe conceda a paz!

Números 6: 26

↑ Torá

Cristianismo

Felizes os que promovem a paz, porque serão chamados filhos de Deus.

Mateus 5: 9

↑ Bíblia

Islamismo

Se o inimigo propende para a paz, propenda você também para a paz e tenha confiança em Deus.

Alcorão 8: 61

↑ Alcorão

5 Pesquise uma mensagem de paz presente em outro texto sagrado, diferente dos apresentados aqui, e registre-a a seguir. Depois, compartilhe com os colegas e o professor o resultado de sua pesquisa.

- Livro sagrado: _____
- Tradição religiosa: _____
- Mensagem: _____
  _____

UNIDADE 3 51

AMPLIANDO HORIZONTES

Nesta unidade, conhecemos os textos sagrados de algumas tradições religiosas e aprendemos a importância dos registros escritos e orais na educação de seus fiéis. Vimos também que tais registros são reconhecidos como guias para alcançar virtudes e, assim, a felicidade.

1. Vamos lembrar algumas curiosidades? Complete a cruzadinha com base no que você aprendeu na unidade.

Verticais
1. A maioria dos textos sagrados corresponde a ************.
2. Sidarta Gautama.
3. Gênero dos textos escritos pelo apóstolo Paulo para as comunidades cristãs.
4. Uma das funções dos textos sagrados.
5. Nome de um dos livros sapienciais da Bíblia.
6. Nome de um texto bíblico no qual estão registrados os Dez Mandamentos.
7. Deus dos mortos, segundo a civilização egípcia.

Horizontais
8. Texto sagrado que narra a história do povo judeu e explicita as leis judaicas.
9. Textos sagrados do hinduísmo.
10. Livro sagrado cujo significado é "recitado", "lido".
11. Recebeu as tábuas da lei no monte Sinai.
12. Tipo de escrita cujo nome significa "gravação sagrada".
13. Monge agostiniano que foi um dos promotores da Reforma Protestante.
14. Pensador a quem é atribuída a autoria do livro *Tao te ching*.
15. Tradição budista cujos textos sagrados incluem o livro dos mortos ou *Bardo thödol*.

2 **SABER SER** Imagine que você tenha encontrado o diário de um antropólogo que viveu por muitos anos com um povo que usa um sistema próprio de símbolos para registrar as informações. Nesse sistema, cada símbolo corresponde a uma das letras do nosso alfabeto, como pode ser observado na imagem a seguir.

≡	🦀	≈	◎	△	⋈	☼	∧∧	†
A	N	S	E	O	D	P	U	B
✦	→	<	ooo	⟨•⟩	∿	★	🦑	⌒
C ou Ç	I	M	H ou L	R	V	T	G	X ou F

a) Agora imagine que, em uma das páginas, você encontrou o registro de um importante ensinamento que o antropólogo aprendeu com esse povo. Porém, o ensinamento está cifrado nos símbolos que aprendeu com ele. Veja a reprodução da mensagem cifrada e, a seguir, reescreva no caderno a mensagem utilizando as letras de nosso alfabeto. Se necessário, acentue as palavras e pontue as sentenças.

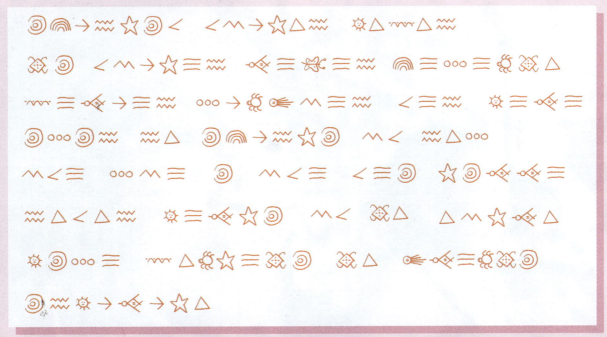

Fonte de pesquisa: Brasil. *Diversidade religiosa e direitos humanos*. Brasília: Secretaria especial de Direitos Humanos, 2004. p. 23

b) Com base no que você aprendeu nesta unidade, converse com os colegas e o professor sobre o significado desse ensinamento.

3 Que tal escrever um pensamento com os símbolos utilizados por esse povo? Escolha um pensamento curto e registre-o no caderno. Depois, compartilhe sua mensagem com um colega e peça a ele que decifre o que você escreveu.

UNIDADE 3   53

4 A SABEDORIA DOS TEXTOS SAGRADOS

1. Como você relaciona a imagem dessa página ao título da unidade?

2. Na sua opinião, a pintura corporal retratada pode ser considerada um texto sagrado? Por quê?

3. Por que você imagina que a mulher retratada nessa imagem foi pintada dessa forma? Qual é o possível significado dos símbolos no rosto dela?

4. **SABER SER** Você conhece textos ou imagens considerados sagrados para outras religiões e filosofias de vida? Como você acredita que deve se comportar diante de concepções do sagrado diferentes da sua?

↑ Mulheres Tuyuka na aldeia Utapinopona, em Manaus (AM). Foto de 2016.

PARA COMEÇO DE CONVERSA

Leia um trecho do livro *Alice no País das Maravilhas*, do escritor britânico Lewis Carroll (1832-1898). Depois, converse com os colegas e o professor sobre o sentido do diálogo entre Alice e o Gato.

— Você poderia me dizer, por gentileza, como é que eu faço para sair daqui?
— Isso depende muito de para onde você pretende ir — disse o Gato.
— Para mim tanto faz para onde quer que seja... — respondeu Alice.
— Então, pouco importa o caminho que você tome — disse o Gato.
— ... contanto que eu chegue em algum lugar... — acrescentou Alice, explicando-se melhor.
— Ah, então certamente você chegará lá se continuar andando bastante...
— respondeu o Gato.

Lewis Carroll. *Alice no País das Maravilhas*. São Paulo: Cosac Naify, 2015. p. 74.

O diálogo entre Alice e o Gato expressa a necessidade de saber aonde se pretende ir para determinar qual caminho tomar. Assim como mostrado nesse diálogo, em nossas vidas, muitas vezes também não sabemos qual caminho tomar, mas temos uma intenção ou, pelo menos, uma ideia de aonde queremos chegar. Sobre essa questão, converse com os colegas e o professor e responda:

CURIOSIDADE FILOSÓFICA

No texto *Nossos passos vêm de longe*, Fernanda Carneiro provoca-nos a valorizar a oralidade que não deixa a memória ser esquecida e a compreendê-la como uma travessia de nossas "escrevivências".

[...] é necessário venerar os antepassados e a tradição: o passado ensina, orienta. As contadeiras de história, as "pretas velhas", as cantigas e as palmas...: tudo são ensinamentos e valores de uma tradição corporal que dão sustento, estruturam personalidades e transmitem uma pedagogia.

Fernanda Carneiro. Nossos passos vêm de longe. Em: Jurema Werneck; Maisa Mendonça; Evelyn C. White (org.). *O livro da saúde das mulheres negras*: nossos passos vêm de longe. Rio de Janeiro: Pallas, Criola, 2006. p. 27.

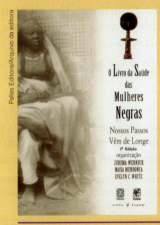

← Capa de *O livro da saúde das mulheres negras*: nossos passos vêm de longe.

1 Como você relaciona esse texto com a ideia do "caminho" que foi discutida anteriormente?

2 Nesse contexto, como você interpreta a palavra **escrevivências**?

1 Você considera importante adotar referências ou parâmetros para definir quais caminhos escolher? Por quê?

2 A quais pessoas ou recursos você costuma recorrer quando necessita definir qual caminho seguir?

UNIDADE 4

POR DENTRO DA HISTÓRIA

Na unidade anterior, você aprendeu a importância dos registros escritos para a preservação da memória e para a compreensão de nossas histórias e identidades. No entanto, existem outras formas de registrar e preservar as experiências vivenciadas por diversos povos ao longo do tempo, como acontece, por exemplo, no caso dos relatos orais.

Em muitas tradições religiosas, os relatos orais desempenham um papel fundamental na transmissão de ensinamentos e histórias. Nas tradições religiosas de matriz africana, por exemplo, há uma grande valorização da oralidade. Assim conhecer os relatos dessas tradições pode nos ensinar a valorizar, a reconhecer e a respeitar não somente as manifestações culturais dessas religiões, mas também o importante papel desempenhado por elas na preservação das histórias e culturas dos povos que deram origem a essas religiões, bem como dos grupos e pessoas que as mantêm vivas.

Leia a seguir o que pesquisadoras negras dizem sobre este tema.

Tradição, memória viva de um povo, onde nem o tempo nem o espaço se apresentam como um limite. Os valores que garantiram a integridade, a vida e a dignidade de nossos ancestrais escravizados continuam a criar caminhos de libertação.

Vanda Machado. *Pele da cor da noite*. Salvador: EDUFBA, 2013. p. 94.

A oralidade me deu o encantamento pela palavra. [...] me preparou essa sensibilidade para colher os fatos do mundo. [...] a palavra, independentemente de ser escrita ou não, pode ser extremamente libertadora.

Kamille Viola. Conceição Evaristo: "O que nós conquistamos não foi porque a sociedade abriu a porta, mas porque forçamos a passagem". Entrevistada: Conceição Evaristo. Revista *Marie Claire*, maio 2018.

→ A linguista e escritora Conceição Evaristo prestigiando a exposição *Ocupação Conceição Evaristo*, feita em sua homenagem, em São Paulo (SP). Foto de 2017.

Que a ancestralidade africana e o encantamento re-inventem nosso modo de ser/pensar/sentir/agir, modo de implicar-se com a construção de um mundo melhor demarcando conhecimentos afrorreferenciados [...].

Adilbênia Freire Machado. Filosofia africana contemporânea desde os saberes ancestrais femininos: novas travessias/novos horizontes. *Ítaca*, Especial filosofia africana, n. 36, p. 274, 2020.

← Mestra em Educação, Adilbênia Freire Machado coordena o Eixo de Filosofia Africana e Afro-diaspórica da Associação Brasileira de Pesquisadores/as Negros/as (ABPN). Na foto, Adilbênia em Fortaleza (CE). Foto de 2021.

FIQUE LIGADO!

Passados presentes: memória negra no sul fluminense. Direção: Hebe Mattos e Martha Abreu. Brasil, 2011 (43 min).

Nesse documentário, são apresentados diversos elementos das tradições orais mantidas pela população descendente de escravizados dos municípios de Bracuí e Pinheirinha, na região sul do estado do Rio de Janeiro. Nesses relatos, preservam-se memórias sobre o tráfico de escravizados, mas também das lutas e resistências dos indivíduos cativos e dos libertos.

Francisco Guilherme, em entrevista para o documentário → *Passados presentes: memória negra no sul fluminense*.

INVESTIGANDO

1. Pesquise o significado da palavra **ancestralidade** e, na sequência, relacione-a à discussão sobre a preservação de memórias por meio de relatos orais.

2. Você sabe o que significa a palavra **afrorreferenciado**? Faça uma pesquisa e anote o significado.

3. Você conhece outros exemplos de memórias que são preservadas por meio de relatos orais? Faça uma pesquisa junto a sua família ou comunidade e registre no caderno alguma memória que é preservada por meio da oralidade.

UNIDADE 4   57

EXPERIÊNCIAS RELIGIOSAS

O budismo se originou a partir dos ensinamentos de um príncipe chamado Sidarta Gautama, que renunciou a toda riqueza material e dedicou sua vida à busca da verdade. A tradição budista reconhece que, pela experiência da meditação e de suas práticas, Sidarta Gautama alcançou a iluminação e passou a ser chamado de Buda.

Buda transmitiu seus ensinamentos oralmente. Seus seguidores, inspirados nas palavras do mestre, transcreveram as ideias por ele defendidas; assim, tais ideias poderiam ser divulgadas de modo mais efetivo. O Darmapada, ou Caminho do Darma, o mais conhecido e traduzido dos textos budistas, é composto de máximas em forma de versos, os quais são agrupados em 423 estrofes. Conheça um dos ensinamentos dessa obra.

↑ Capa do livro *O Dhammapada: o nobre caminho do Darma do Buda*, da editora Bodigaya, 2010.

> "Aquele que está confiante na fé e na virtude possui verdadeira reputação e riqueza, é respeitado e louvado em toda parte por onde anda."
>
> Darmapada, Pakinnkavagga: Vários, n. 303.

Buda também anunciou um caminho que poderia levar as pessoas a uma vida sem sofrimentos. Segundo o budismo, o caminho da libertação precisa ser percorrido individualmente, até que se alcance a felicidade plena.

As quatro verdades de Buda são:

- A vida é sofrimento.
- A ambição causa o sofrimento.
- É possível acabar com o sofrimento.
- Trilhar o "caminho do meio" é a forma de acabar com o sofrimento.

O "caminho do meio" consiste em oito passos:

Conhecimento correto
Meditação correta
Atitude correta
Pensamento correto
Palavra correta
Esforço correto
Ação correta
Ocupação correta

↑ A roda de oito aros é conhecida entre os budistas como roda do darma e simboliza o "caminho do meio", também conhecido como "Nobre caminho óctuplo". Na foto, roda do darma em templo budista na Tailândia.

1 Converse com os colegas e o professor sobre a relação entre o texto budista e os outros escritos religiosos que você conhece. Em seguida, faça uma pesquisa sobre como praticar os oito passos do "caminho do meio". Depois, converse com os colegas sobre essas práticas.

58 UNIDADE 4

Os livros como registros de ensinamentos

A reflexão sobre as escolhas e sobre os caminhos a se tomar deve ser orientada por uma discussão baseada na sabedoria, no bom senso e no discernimento. Esses são fatores essenciais para processos de decisão que nos conduzam para uma jornada de felicidade e de construção de sociedades mais justas, harmônicas, solidárias e sustentáveis.

O Livro da Sabedoria, que faz parte da Bíblia dos cristãos católicos, nos dá elementos para essa discussão.

A sabedoria produz harmonia

Deus me conceda falar com propriedade e pensar de forma correspondente aos dons que me foram dados, porque ele é o guia da sabedoria e o orientador dos sábios. Em seu poder estamos nós, as nossas palavras, a nossa inteligência e as nossas habilidades. Ele me concedeu o conhecimento exato de tudo o que existe, para eu compreender a estrutura do mundo e a propriedade dos elementos, o começo, o meio e o fim dos tempos, a alternância dos solstícios e as mudanças de estações, os ciclos do ano e a posição dos astros, a natureza dos animais e o instinto das feras, o poder dos espíritos e o raciocínio dos homens, a variedade das plantas e a propriedade das raízes. Aprendi tudo o que está oculto e tudo o que se pode ver, porque a sabedoria, artífice de todas as coisas, foi quem me ensinou.

Livro da Sabedoria 7: 15-21

Assim como o Livro da Sabedoria integra ensinamentos para a vida dos seguidores católicos, existem livros sagrados de outras religiões que também trazem ensinamentos para a vida de seus seguidores.

2 Faça uma pesquisa sobre os livros das religiões apresentados a seguir e escolha alguns ensinamentos que mais chamam a sua atenção. Depois, registre-os no quadro.

↗ Capa do livro *O livro dos médiuns*, de Allan Kardec.

↗ Capa do livro *O livro de Mórmon: outro testamento de Jesus Cristo*.

↗ Capa do livro *O Kitáb-i-Aqdas: o livro sacratíssimo*, de Bahá'u'lláh.

UNIDADE 4 59

CONEXÕES

Ao longo desta unidade, refletimos sobre a ideia do "caminho" como uma experiência de busca, que registra passos que marcam nossas histórias, nossas identidades, nossas decisões e nossos sonhos.

Você já ouviu falar do Caminho de Santiago de Compostela, que fica na Espanha? Conhece alguma pessoa que já tenha percorrido esse caminho? Leia o texto a seguir com os colegas e o professor.

Declarado como Patrimônio da Humanidade pela Unesco, o Caminho de Santiago de Compostela [...] é a peregrinação mais tradicional e conhecida do mundo, uma vez que seu trajeto é datado desde a Idade Média. [...]

Inicialmente, peregrinos ingressavam nessa jornada em uma missão de fé, o objetivo de chegar à cidade espanhola de Santiago de Compostela, local onde se encontrariam os restos mortais do apóstolo Tiago.

Hoje em dia, além da fé, o caminho se tornou uma forma de autodescoberta e crescimento pessoal e espiritual, onde pessoas de todas as idades e crenças se unem durante centenas de quilômetros.

Heloísa García. Caminho de Santiago de Compostela: a partir de França e de Portugal. Eurodicas Turismo. Disponível em: https://turismo.eurodicas.com.br/caminho-de-santiago-de-compostela/#:~:text=O%20caminho%20original%20e%20mais,a%2035%20dias%20de%20caminhada. Acesso em: 17 fev. 2022.

[**PEREGRINAÇÃO:** ato de ir a lugares santos ou de devoção.]

← Peregrinos caminhando por povoado de Vila, na rota norte do Caminho de Santiago de Compostela, em Lugo, na Espanha. Foto de 2021.

1 Você já fez uma peregrinação com sua família? Em caso positivo, para onde foram? Que motivos levaram vocês a fazer essa peregrinação? Compartilhe sua resposta com o professor e os colegas.

2 Em seu caderno, responda: se você pudesse escolher um local para onde seguir em peregrinação, qual seria? Por quê?

Peregrinações, romarias e procissões no Brasil

As peregrinações, romarias e procissões no Brasil são marcadas pela fé e devoção dos participantes. Sua crença os motivam a "caminhar" em busca de (re)encontrar e/ou vivenciar esse sentimento de proteção, de receber a bênção, de cumprir uma promessa, entre outras motivações.

No universo religioso católico, a Festa do Círio de Nazaré, realizada anualmente no mês de outubro, expressa uma tradição popular que marca a identidade paraense, mas que se estende para outras regiões da Amazônia. Atualmente, a Festa é marcada por doze romarias oficiais, entre elas: romaria rodoviária, fluvial, moto romaria, romaria dos corredores, ciclo romaria, romaria das crianças, romaria da juventude.

SABER SER

Coexistência

Existem lugares que são considerados sagrados para praticantes de diferentes tradições religiosas e filosofias de vida, como é o caso de Jerusalém, cidade considerada sagrada para cristãos, muçulmanos e judeus.

- Na sua opinião, quais são as principais atitudes que devem ser observadas para garantir uma convivência pacífica e harmoniosa entre todos os peregrinos que visitam esses lugares?

← Fiéis em frente à Catedral da Sé, acompanhando a procissão do Círio de Nazaré, em Belém (PA). Foto de 2019.

Os vários exemplos citados nesta unidade nos mostram que as religiões são como guias para os caminhos que percorremos durante a vida. Existem muitos caminhos e muitas maneiras de caminhar, e precisamos respeitar as escolhas de cada pessoa.

Comentamos também que, ao percorrer caminhos de peregrinação, as pessoas buscam crescer espiritualmente.

Agora, em grupo com mais três colegas, imagine que vocês façam parte de uma agência de turismo e que precisam criar um cartaz de divulgação, no qual incentivem a visitação a um lugar sagrado da região onde moram. Para isso, leia as orientações.

- Juntos, escolham, entre os lugares da região onde vocês moram, a localidade a ser divulgada. É importante que vocês pesquisem informações sobre esse local, inclusive quanto ao acesso à visitação. Para isso, vocês podem consultar *sites*, livros, jornais e outras fontes.
- Com a ajuda do professor, definam o tamanho do cartaz e os materiais de que vão precisar para criá-lo. Lembrem-se de que um cartaz de divulgação deve chamar a atenção das pessoas.
- Depois de criarem o cartaz, combinem uma data com o professor e a turma para apresentá-lo.
- Definam quem vai conduzir a apresentação e quais serão as informações destacadas, entre outros aspectos.
- Após as apresentações, exponham os cartazes no mural da escola. Verifiquem com o professor a possibilidade de visitar, em data combinada com a turma, um (ou mais) dos lugares descritos.

ESPAÇO DE DIÁLOGO

O poema "Caminhante", do escritor espanhol Antonio Machado (1875-
-1939) transmite os sentimentos do poeta a respeito dos desafios
que cada pessoa enfrenta ao longo da vida. Leia-o a seguir.

Caminhante, são teus passos
o caminho, e nada mais;
faz-se caminho ao andar.
Ao andar faz-se caminho,
e ao virar-se para trás
vê-se a estrada que nunca
se há de voltar a pisar.
Caminhante, não há caminho,
somente esteiras no mar.

Antonio Machado. *Campos de Castela*. Tradução de Sérgio Marinho. Goiânia: Caminhos, 2017.

↑ Monumento em homenagem ao poeta espanhol Antonio Machado, em Baeza, na Espanha. Foto de 2017.

1 Analise o fragmento do poema de Antonio Machado. Depois, converse com os colegas e o professor sobre as seguintes questões:

a) A vida pode ser comparada a um caminho? Por quê?
b) Se a vida é um caminho, qual é a mensagem que o poema nos traz?

2 Com os colegas e o professor, interprete as afirmações indicadas a seguir e escreva uma síntese dessa interpretação.

Os ensinamentos das religiões são como guias para os caminhos que percorremos durante a vida.

Existe uma diversidade de caminhos e de modos de caminhar por eles.

O processo de decisão implica constante reflexão.

Decidir não fazer escolhas é, em si mesmo, uma escolha.

Os valores e a ética são formas de sabedoria que orientam nossos caminhos.

UNIDADE 4

3. Leia a tira a seguir e, com apoio do professor, posicione-se sobre o tema que as personagens discutem e registre no caderno os argumentos que justificam sua posição.

↑ Tira da cartunista Laerte Coutinho.

4. O grupo musical Casuarina lançou, em 2011, a canção "Ponto de vista". Escute e leia a letra dessa canção e, em seguida, converse com os colegas e o professor sobre a relação entre a letra da canção e o respeito a pontos de vista diferentes dos seus.

FIQUE LIGADO!

Casuarina – Ponto de vista. Disponível em: https://www.youtube.com/watch?v=1dmQmMUdMt8&ab_channel=casuarinaoficial. Acesso em: 19 maio 2022. Gravada em 2012, nos Arcos da Lapa, no Rio de Janeiro (RJ), esta faixa do dvd *10 anos de Lapa* apresenta a canção "Ponto de vista", composta por João Cavalcanti e Edu Krieger.

↑ Integrantes da banda Casuarina. Da esquerda para a direita: Gabriel Azevedo (voz e pandeiro), Rafael Freire (cavaquinho), Daniel Montes (violão de 7 cordas) e João Fernando (bandolim), no Rio de Janeiro (RJ). Foto de 2021.

UNIDADE 4

ATITUDES DE PAZ

No percurso que fizemos até aqui, vimos que as diferentes tradições religiosas transmitem ensinamentos semelhantes sobre o amor e o respeito ao próximo, bem como sobre o cuidado com o ambiente e os ideais de paz e de justiça, entre outros temas.

Um dos desafios enfrentados pelo mundo contemporâneo é a grave situação de migrantes e refugiados dispersos pelo planeta. Desse problema decorre a necessidade de discutir as possibilidades e as condições de acolhida, de acordo com a atitude adotada pelos governantes dos diversos países.

Algumas nações abrem suas portas e buscam garantir aos migrantes possibilidades de trabalho, estudo, moradia, educação e outros benefícios sociais. Entretanto, há governantes que adotam medidas repressoras e fecham suas portas.

↑ Migrante venezuelano lavando roupa em um acampamento humanitário em Bogotá, Colômbia, 2019.

1 **SABER SER** Com a orientação do professor e em grupo com mais quatro colegas, busque informações sobre a situação dos migrantes e dos refugiados no Brasil. Inicialmente, pesquise dados sobre aqueles que vivem no mesmo município em que você. Depois, responda:

a) Qual é a opinião do grupo quanto ao acolhimento de migrantes e de refugiados?

_____
_____
_____
_____
_____

b) Como podemos decidir se devemos acolher, ou não, os migrantes e os refugiados?

_____
_____
_____
_____

c) Que atitude o grupo considera que é preciso ter para com essas pessoas?

_____
_____
_____
_____
_____

64 UNIDADE 4

O que dizem as diferentes tradições religiosas?

Veja o que algumas tradições religiosas e filosofias de vida ensinam sobre acolhimento de estrangeiros e sublinhe as principais ideias de cada ensinamento.

Hinduísmo

Todas as divindades se alegram, todos os videntes cantam, todos os antepassados dançam, quando um hóspede entra em nossa casa.

Chanakya

Budismo

Os migrantes encontrem a felicidade onde andar. Os navegantes em barcos e navios obtenham o que desejam. Os viajantes em dificuldades possam encontrar companheiros de viagem. Que ninguém tenha medo ou seja desprezado ou sua mente seja humilhada.

Shantideva

Confucionismo

Aqueles que governam o império recebam os novos recém-chegados, elogiem os excelentes, compadeçam os incapazes; assim se mostrarão acolhedores com os estrangeiros.

Confúcio

Islamismo

Deus ordena-vos de serem bondosos em relação a seu irmão, muçulmano e não muçulmano.

Mahmoud Soubhi

Cristianismo

Então o Rei dirá aos que estiverem à sua direita: "Venham vocês, que são abençoados por meu Pai, [...] eu era estrangeiro, e me receberam em sua casa".

Mateus 25: 34-35

Judaísmo

Quando um imigrante habitar com vocês no país, não o oprimam. O imigrante será para vocês um concidadão: você o amará como a si mesmo, porque vocês foram imigrantes na terra do Egito.

Levítico 19: 33-34

2 Com base na leitura desses textos, responda: Que atitudes relativas aos estrangeiros e aos migrantes são recomendadas pelos textos sagrados?

_____
_____
_____
_____

↑ Refugiados egípcios resgatados em alto-mar em Roccela Jonica, na Itália. Foto de 2014. Os refugiados tentavam cruzar o mar Mediterrâneo em direção à Europa quando foram surpreendidos por uma tempestade e fortes ondas.

AMPLIANDO HORIZONTES

Nesta unidade, conhecemos a riqueza de ensinamentos dos textos sagrados e vimos o quanto é importante ler, estudar e rezar esses textos para promover a cultura de paz. A música é também uma forma de vivenciar a religiosidade e de se aproximar dos ensinamentos de cada religião.

Recebendo diferentes nomes de acordo com os preceitos de cada religião, independentemente de ser reconhecida como hino, cântico, mantra, ponto, é possível compreender como a música aproxima o fiel da sua fé, sendo importante instrumento de oração.

Ao tratarmos da promoção da paz, conhecer como a música pode ser representativa de mensagens religiosas é fundamental para o reconhecimento e o respeito à diversidade.

Vamos trabalhar com dois exemplares de música nas próximas atividades: "Hino aos orixás" é uma música que dialoga com as referências da Umbanda e foi composta por Elisabete Denise Saraiva (Bete do Aruanã), do Grupo Musical Aruanã; e "Oração de São Francisco", também conhecida em versões com o nome "Senhor, fazei de mim instrumento de vossa paz", é música de referência entre os católicos.

Penso no dia que logo vai nascer
E o meu peito se enche de emoção
A esperança invade o meu ser
Eu sou feliz e gosto de viver

Pela beleza dos raios da manhã
Eu te saúdo Mamãe Iansã
Pela grandeza das ondas do mar
Me abençoe Mamãe Iemanjá

A mata virgem tem seu semeador
Ele é Oxóssi Okê Okê Arô!
Na cachoeira eu vou me refazer
Nas águas claras de Oxum ai iê iê

Se a injustiça faz guerra de poder
Valha-me a espada de Ogum, Ogunhê
Não há doença que venha me vencer
Sou protegido (a) de Obaluaê

Eu sou de Paz
Mas sou um lutador
A minha lei quem dita é Xangô
A alegria já tem inspiração
Na inocência de Cosme e Damião

Não tenho medo
Vou ter medo de quê?
Tenho ao meu lado Nanã Buruquê
E essa luz que vem de Oxalá
Tenho certeza vai me iluminar

Penso no dia que logo vai nascer
E o meu peito se enche de emoção
E essa luz que vem de Oxalá
Tenho certeza, vai me iluminar!

Elisabete Denise Saraiva (Bete do Aruanã). Hino dos orixás. Intérprete: Grupo Musical Aruanã. Em: Álbum Independente, sem gravadora, 1998. CD. Disponível em: https://www.letras.mus.br/grupo-musical-aruana/1442855/. Acesso em: 18 fev. 2022.

Senhor, fazei-me instrumento de vossa paz
Onde houver ódio, que eu leve o amor
Onde houver ofensa, que eu leve o perdão
Onde houver discórdia, que eu leve união
Onde houver dúvida, que eu leve a fé

Onde houver erro, que eu leve a verdade
Onde houver desespero, que eu leve a esperança
Onde houver tristeza, que eu leve alegria
Onde houver trevas, que eu leve a luz

Ó mestre, fazei que eu procure mais consolar
que ser consolado
Compreender que ser compreendido
Amar que ser amado
Pois é dando que se recebe
É perdoando que se é perdoado
E é morrendo que se vive
Para a vida eterna

Ó mestre, fazei que eu procure mais consolar
que ser consolado
Compreender que ser compreendido
Amar que ser amado
Pois é dando que se recebe
É perdoando que se é perdoado
E é morrendo que se vive
Para a vida eterna

Autoria desconhecida. Oração de São Francisco. Intérprete: Fagner. Em: O Quinze, 1989. CD. Disponível em: https://www.letras.mus.br/fagner/255575/. Acesso em: 25 fev. 2022.

1 Converse com os colegas e o professor sobre as mensagens presentes em cada uma das músicas e destaque um trecho e o seu significado em cada uma delas:

a) Hino aos orixás.

_____
_____
_____
_____
_____

b) Oração de São Francisco.

_____
_____
_____
_____
_____

2 **SABER SER** Como as músicas apresentadas contribuem para a compreensão e o respeito às diferentes crenças e formas de expressão religiosa?

_____
_____
_____
_____
_____
_____
_____

3 Você conhece alguma música religiosa que gostaria de apresentar aos colegas? Se possível, reproduza um áudio ou vídeo dela para que o professor e os colegas a conheçam. Se você souber cantá-la (melhor ainda!), pode aproveitar o espaço dado pelo professor para apresentá-la ao vivo.

_____
_____
_____
_____
_____

UNIDADE 4

PROJETO CIDADANIA

PARTIDA > REALIDADE > **AÇÃO** > CHEGADA

Diversidade religiosa

Uma atitude que expressa cidadania é a busca por informações sobre o local em que vivemos, pois assim podemos ampliar as possibilidades de participação e de cuidado social, exercitando o respeito à diversidade material e à diversidade imaterial.

Uma das formas de valorizar a diversidade existente em todos os espaços é agir com respeito às diversas práticas e expressões religiosas que coexistem no mesmo espaço. Sobre essa temática, a pesquisadora e professora do Departamento de história da Unicamp, Eliane Moura da Silva, afirma:

↑ Participantes da 12ª Caminhada em defesa da liberdade religiosa, na orla de Copacabana, no Rio de Janeiro (RJ). Foto de 2019.

Trata-se de reconhecer a diferença como elemento-chave da paz e do progresso humanos, de celebrar, aprovar e reafirmar a diferença como um valor básico e essencial. [...]
É possível reconhecer o valor de cada ser humano e a importância de garantir os direitos humanos para todos. Isto inclui a liberdade individual de seguir suas próprias crenças e caminho espiritual. Valorizar os direitos de outras pessoas a crenças variadas e diferentes é um passo fundamental para apreciar a diversidade religiosa. Na medida em que aprofundamos o estudo das religiões, podemos aumentar a compreensão das crenças individuais e romper as barreiras dos preconceitos e exclusivismo, atitudes que constroem um mundo muito perigoso para se viver.

Eliane Moura da Silva. Religião, diversidade e valores culturais: conceitos teóricos e a educação para cidadania. REVER, Revista de Estudos da Religião, n. 2, p. 10, 2004. Disponível em: https://www.pucsp.br/rever/rv2_2004/p_silva.pdf. Acesso em: 16 fev. 2022.

PARA REFLETIR

1. No texto, Eliane Moura da Silva ressalta que valorizar os direitos de outras pessoas e as crenças variadas e diferentes é um elemento-chave para apreciar a diversidade religiosa. Você concorda com ela? Por quê? Como você compreende a expressão "apreciar a diversidade religiosa"?

2. Em seu dia a dia, você convive com pessoas que praticam religiões diferentes da sua ou que não seguem nenhuma religião? Como é sua relação com essas pessoas?

3. Relacione as reflexões anteriores com a valorização e respeito à diversidade de paisagens religiosas na região onde você vive e compartilhe suas percepções com o professor e os colegas.

68 UNIDADE 4

Material informativo sobre as paisagens religiosas

Motivados pelo desafio de apreciar a diversidade religiosa, você e os colegas vão compartilhar com a comunidade escolar as informações sobre as paisagens religiosas do lugar onde vivem, com o objetivo de ampliar o conhecimento e reforçar a valorização e o respeito a todas as manifestações religiosas que ocorrem nele.

Nesta terceira etapa do projeto, com os resultados obtidos na etapa anterior, você e os colegas vão elaborar um material informativo (como um croqui, um mapa temático, um episódio de *podcast*, ou um vídeo informativo, por exemplo) para divulgar, para a comunidade escolar, as descobertas que fizeram sobre as paisagens religiosas do lugar onde vivem.

1º PASSO: Com o apoio do professor, definam o formato em que vão produzir o material informativo. Dependendo do tamanho do lugar onde vocês vivem, e caso considerem oportuno, cada grupo pode ficar responsável por retratar uma paisagem religiosa dentre as que foram observadas na etapa anterior.

2º PASSO: Elaborem um cronograma e produzam o material, valorizando a diversidade da paisagem religiosa da região. Para isso, lembrem-se de compartilhar informações com os outros grupos.

3º PASSO: Apresentem o material informativo que vocês produziram ao professor e avaliem, juntos, sugestões de melhoria para a versão final dele.

4º PASSO: Mãos à obra! Façam as alterações necessárias e lembrem-se de, antes, durante e após cada etapa do projeto, registrar no caderno suas percepções sobre essa experiência.

1 Templo budista
2 Igreja católica
3 Igreja de congregação cristã
4 Terreiro de umbanda
5 Ilê de candomblé
6 Cemitério
7 Gruta de peregrinação

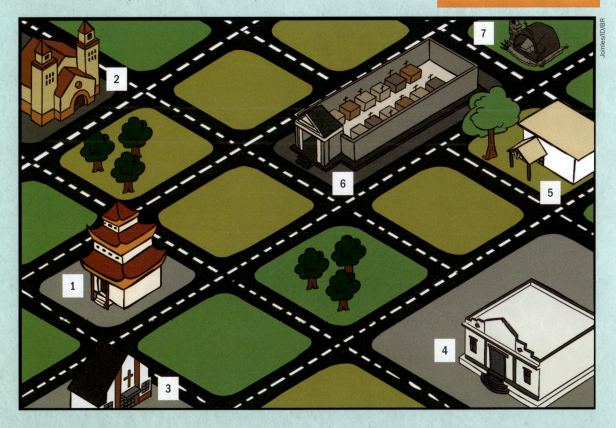

UNIDADE 4 69

5 PRÁTICAS RELIGIOSAS

1. Você sabe como as abelhas produzem mel? Em caso afirmativo, compartilhe seus conhecimentos com os colegas.

2. As abelhas são muito importantes para o ambiente. Você sabe o porquê? Comente.

3. As abelhas são insetos que realizam atividades de modo comunitário. Você conhece práticas religiosas que são realizadas dessa forma, em grupos? Se sim, quais?

4. SABER SER Você gosta de trabalhar em equipe? Quais são os pontos positivos desse tipo de prática? E quais os desafios que ela traz?

↑ Abelhas da espécie *Apis mellifera* em colmeia encontrada em Itamonte (MG). Foto de 2020.

PARA COMEÇO DE CONVERSA

Você já deve saber que as abelhas vivem em grupos, onde cada indivíduo desempenha funções relacionadas à preservação e à manutenção do grupo ao qual pertencem, como a polinização e a produção do mel.

Assim como as abelhas, as pessoas também vivem em grupos conhecidos como comunidades e realizam diversas atividades cotidianas, motivadas por objetivos comuns e individuais. As práticas religiosas, realizadas por muitas pessoas, estão entre essas atividades e visam tanto ao bem-estar individual quanto ao coletivo.

↑ Tira da *Turma do Chico Bento*, de Mauricio de Sousa, publicada em 2011.

1. Que relação você percebe entre a mensagem dessa tira e as práticas religiosas?

2. Converse com os colegas e o professor e responda:
   a) Você realiza alguma atividade religiosa regularmente? Em caso positivo, qual(is) seria(m) essa(s) atividade(s)? Por que você a(s) realiza?
   b) Com a turma, organize um mural relacionando as atividades citadas pelos colegas e os motivos que os levam a realizá-las.

3. Agora, converse com os colegas sobre as motivações que levam as pessoas a realizar práticas religiosas. Na opinião de vocês, por que as pessoas costumam realizar essas práticas?

> **AFORISMO:** sentença curta que geralmente expressa uma regra ou um princípio moral.
>
> **ONTOLOGIA:** parte da filosofia que estuda a natureza dos seres.

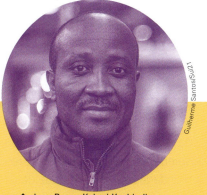

↑ Jean Bosco Kakozi Kashindi, em Porto Alegre (RS). Foto de 2018.

CURIOSIDADE FILOSÓFICA

A expressão **ubuntu**, originária dos idiomas do tronco linguístico banto, falados principalmente no Sul e Centro do continente africano, não possui equivalente em língua portuguesa, mas é muitas vezes traduzida como: "eu sou porque nós somos". Em sentido filosófico, essa palavra traduz a crença em uma ligação universal que conecta toda a humanidade.

O filósofo Jean Bosco Kakozi Kashindi, natural da República do Congo e estudioso do ubuntu na África do Sul, afirma:

> Dado que em Ubuntu parte-se do aforismo *Umuntu ngumuntu ngabantu* ("a pessoa é pessoa no meio de outras pessoas" ou "eu sou porque nós somos"), entende-se que existe uma igualdade ontológica de todas as pessoas, e dentro dessa igualdade há uma relação existencial, vital, que permite que alguém seja o que é; por isso [há] uma interdependência vital entre não só todos os humanos, mas também entre estes e outras entidades cósmicas.

Ricardo Machado. Metafísicas africanas: eu sou porque nós somos – entrevista especial com Jean Bosco Kakozi Kashindi. Revista *Ihu* On-line, edição 550. Disponível em: http://www.ihu.unisinos.br/entrevistas/548478-metafisicas-africanas-eu-sou-porque-nos-somos-entrevista-especial-com-jean-bosco-kakozi-kashindi. Acesso em: 23 fev. 2022.

- Discuta com o professor o aforismo apresentado no texto e explique o seu entendimento sobre a fala de Kashindi.

POR DENTRO DA HISTÓRIA

O ubuntu pode ser considerado uma filosofia que promove uma concepção humanista, fundamentada em vivências comunitárias, e que tem como princípio a **alteridade**. Nessa perspectiva, todas as pessoas são valiosas em si mesmas e, por isso, podem e devem participar da sociedade em que vivem. Essa ética defende que as decisões se baseiem em união e consenso, respeitando a individualidade, as particularidades e a religiosidade de cada um.

O líder religioso Desmond Tutu (1931-2021), arcebispo anglicano da África do Sul, destacou-se por defender a construção de uma sociedade com direitos civis iguais para todos, a abolição das leis que limitavam a circulação dos negros e a implementação de um sistema educacional comum. Sua luta contra o *apartheid* foi reconhecida com o Prêmio Nobel da Paz, em 1984. Segundo o arcebispo:

> **APARTHEID:** política racial separatista que vigorou entre 1948 e 1994 na África do Sul e que definia a minoria branca como detentora do poder político e econômico do país.

Uma pessoa com ubuntu está aberta e disponível aos outros, não preocupada em julgar os outros como bons ou maus, e tem consciência de que faz parte de algo maior e que é tão diminuída quanto seus semelhantes que são diminuídos ou humilhados, torturados ou oprimidos.

Marcos Vinicius Lemes. Ubuntu em tempos de pandemia. *UFABC Divulga Ciência*. v. 3, n. 4, p. 15, 2020. Disponível em: https://ufabcdivulgaciencia.proec.ufabc.edu.br/2020/04/28/ubuntu-em-tempos-de-pandemia-v-3-n-4-p-15-2020/#:~:text=%E2%80%9CUma%20pessoa%20com%20Ubuntu%20est%C3%A1,humilhados%2C%20torturados%20ou%20oprimidos.%E2%80%9D. Acesso em: 23 fev. 2022.

← Desmond Tutu. Foto de 2019.

Humanidade para com o outro

A palavra **ubuntu** expressa uma forte consciência acerca da relação entre a pessoa e a comunidade. Um exemplo disso é um caso relatado pela jornalista e filósofa Lia Diskin no Festival Mundial da Paz, em 2006, sobre um antropólogo que teria vivido em um povoado banto da África do Sul.

O antropólogo propôs um jogo para as crianças do povoado. Ele colocou uma cesta cheia de frutas perto de uma árvore e disse às crianças, posicionadas um tanto distante da árvore, que quem chegasse primeiro à cesta ganharia todas as frutas.

Quando ele deu o sinal para correr, todas as crianças deram as mãos e correram juntas. Depois, ainda reunidas, sentaram-se para aproveitar o prêmio.

Ao perguntar às crianças por que elas tinham corrido daquele jeito, isto é, sem considerar que alguém poderia ganhar todo o conteúdo da cesta, elas responderam: "Ubuntu! Como um de nós poderia ficar feliz estando todos tristes?".

↑ Crianças da África do Sul. Foto de 2019.

A imagem das crianças na roda reafirma a mensagem ubuntu: fortalecer os relacionamentos entre as pessoas, com base no respeito, no compartilhamento, no cuidado, na confiança e no altruísmo. O texto a seguir traz o relato de um professor de Educação Física de uma escola da rede municipal de Porto Alegre. Em suas atividades pedagógicas, esse professor costuma organizar as turmas em roda. Leia:

> [...] o círculo, além de ser da nossa ancestralidade, ser dos povos mais tradicionais como os povos indígenas, os povos africanos, ele tem um valor muito grande, que é o valor que todo mundo se enxerga, todo mundo se olha e todo mundo ocupa um lugar igual no círculo, diferente da sala de aula onde nós estamos naquele pan-óptico em que o professor vê todo mundo e todo mundo não se vê (informação verbal).
>
> Citado por Gabriela Nobre Bins e Vicente Molina Neto. Mojuodara: uma possibilidade de trabalho com as questões étnico-raciais na Educação Física. *Revista Brasileira de Ciências do Esporte*, v. 39, n. 3, jul./set. 2017. Disponível em: http://www.scielo.br/scielo.php?script=sci_arttext&pid=S0101-32892017000300247#B11. Acesso em: 23 fev. 2022.

Participar e sentir-se parte da "roda" é um valor civilizatório fundamental nas culturas africana e afro-brasileira, pois simboliza a circularidade, a coletividade. Essa visão comunitária que a filosofia ubuntu nos ensina, e que propõe a horizontalidade nas relações humanas, nos faz recordar o sentido das cirandas.

INVESTIGANDO

1 Retome a pesquisa feita por você, na unidade 1 deste livro, sobre o significado da palavra **alteridade** e compare-o com o conceito de ubuntu. Em seguida, registre suas conclusões.

2 Com base na história contada pelo antropólogo que viveu em povoado africano, como você sintetizaria o ensinamento ubuntu expresso pelas crianças?

3 Faça uma pesquisa sobre as cirandas e seu significado cultural. Depois, relacione os valores desse tipo de manifestação com os valores do ensinamento ubuntu. Registre no caderno os resultados da pesquisa e compartilhe-os com o professor e os colegas.

UNIDADE 5

EXPERIÊNCIAS RELIGIOSAS

Outra prática marcante na história das tradições religiosas é a meditação, que utiliza técnicas para focar a mente, visando alcançar um estado de clareza mental e emocional. Meditar é uma maneira eficaz de fortalecer a atenção e a concentração e de cultivar crenças religiosas, pois contribui para um estado interior de harmonia entre o sujeito e sua realidade.

Na tradição do hinduísmo, por exemplo, no ritual **puja**, as pessoas oferecem flores, água, frutas e incenso à divindade, recitando mantras. O termo **mantra** (que, em sânscrito, significa "controle da mente") designa uma fórmula ritual cuja repetição ajuda na concentração. As oferendas, por sua vez, simbolizam a autoentrega à divindade.

Um dos mantras mais significativos do hinduísmo consiste na repetição da sílaba OM, considerada o som criador do Universo e do qual emergem todos os outros sons.

Já de acordo com os seguidores da tradição budista, a meditação desenvolve a consciência e a capacidade de percepção da realidade, auxiliando na busca do autoconhecimento e da harmonia do corpo e da mente. Controlar a respiração, sentar-se de pernas cruzadas, manter certa posição das pálpebras, dos braços, das mãos e dos dedos são condutas essenciais na prática da meditação.

↑ Devota durante o ritual *puja* à deusa hindu Durga, em templo da cidade de Calcutá, na Índia. Foto de 2020.

↑ Budistas em templo de Bangkok, na Tailândia, meditando durante a cerimônia Wian Tian, expressão que significa "círculo de luz". Foto de 2019.

1 Pesquise vídeos de meditação divulgados por seguidores do hinduísmo e escute o mantra OM. Depois, procure por vídeos de meditação budista. Anote no caderno o que mais lhe chamou atenção e compartilhe seu registro com os colegas e o professor.

A posição de lótus e o despertar espiritual

O lótus é uma planta aquática que, nas tradições religiosas orientais, simboliza luz, pureza e o despertar espiritual. Isso se deve, em grande parte, ao processo de florescimento dessa planta, pois suas raízes crescem na lama de lagos e lagoas até emergir à superfície para, então, florescer. À noite, as pétalas do lótus se fecham e a planta submerge novamente. No amanhecer, a flor vem à tona sobre a água e suas pétalas voltam a se abrir.

É muito comum que, ao meditar, alguns praticantes adotem a posição de lótus, na qual os pés ficam ligeiramente apoiados sobre a parte interna das coxas, evitando o contato com o solo. Essa posição melhora a respiração e a estabilidade física.

↑ Flor de lótus.

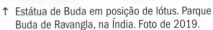

↑ Estátua de Buda em posição de lótus. Parque Buda de Ravangla, na Índia. Foto de 2019.

2 Busque mais informações sobre a posição de lótus, utilizada na meditação das tradições orientais, para descobrir por que ela recebeu esse nome. Escreva a seguir os resultados da pesquisa.

_____
_____
_____
_____

UNIDADE 5

CONEXÕES

Como vimos, os mantras são fórmulas (sílabas, palavras ou versos) recitadas ou cantadas nas práticas de meditação e oração a fim de facilitar a concentração e promover a harmonia espiritual. O mantra a seguir, chamado *Maha Mantra* (ou Grande Mantra), costuma ser cantado por seguidores do movimento Hare Krishna.

> Hare Krishna Hare Krishna
> Krishna Krishna
> Hare Hare
> Hare Rama
> Hare Rama
> Rama Rama
> Hare Hare
>
> *Maha Mantra* (Grande Mantra)

FIQUE LIGADO!

Mantra - videoclipe oficial. Disponível em: https://www.youtube.com/watch?v=WnItBv9nCro&ab_channel=NandoReis. Acesso em: 19 maio 2022.

O músico Nando Reis também gravou um videoclipe de "Mantra", no qual aparece cantando com adeptos do movimento Hare Krishna.

Se possível, assista ao vídeo e preste atenção à canção.

Você já escutou a canção "Mantra", do músico Nando Reis? Essa música, de cuja gravação participaram seguidores do movimento Hare Krishna, aborda a busca pelo desapego, incentivada pela tradição religiosa oriental.

← Comunidade Hare Krishna em Kiev, na Ucrânia, 2019. Os adeptos dessa religião são devotos da divindade hindu Krishna e se baseiam nas escrituras védicas. Eles acreditam que o conhecimento espiritual pode tornar o mundo um lugar mais equilibrado.

1. Pesquise o significado do *Maha Mantra*, cantado pelos seguidores do movimento Hare Krishna e, em seu caderno, anote o resultado da pesquisa. A seguir, compartilhe-o com seus colegas e professor.

2. Escute e leia a letra da canção "Mantra", de Nando Reis, e, a seguir, responda: Em sua opinião, que trecho da canção explica a mensagem do artista a seus ouvintes? Por quê?

3. Pesquise o movimento Hare Krishna e anote no caderno as informações que mais lhe chamaram a atenção. Depois, ainda no caderno, relacione essas informações à letra da canção.

A comunidade zen-budista

Você já ouviu falar na religiosa zen-budista brasileira conhecida como monja Coen? A história em quadrinhos a seguir possibilita conhecer um de seus ensinamentos. Leia a história e, depois, compartilhe suas impressões com os colegas e o professor.

↑ História em quadrinhos da obra *Monja Cohen em quadrinhos*, de Ricardo Rodrigues e Monja Cohen.

UNIDADE 5 77

ESPAÇO DE DIÁLOGO

Algumas tradições, buscando estimular seus seguidores ao cumprimento das práticas religiosas, dispõem de espaços específicos para reunir as pessoas e promover o diálogo entre elas.

A Comunidade de Taizé, por exemplo, foi fundada em 1940, no vilarejo de Taizé, na França, pelo jovem suíço Roger Schütz (1915-2005), durante a Segunda Guerra Mundial. Hoje, essa comunidade reúne cristãos de diferentes denominações e países. Sua existência é um sinal de reconciliação entre os cristãos. Leia a seguir uma das falas de Schütz sobre o propósito de Taizé.

[...] reunir homens que sentissem a necessidade de juntos fazerem comunhão e viverem em paz uma vida simples, partilhando o trabalho e as reflexões das Sagradas Escrituras, caminhando em comunidade à descoberta de Deus revelado aos homens por Jesus Cristo.

Algarve: Pequena Fraternidade Provisória de Taizé dinamiza uma vigília de oração. *Ecclesia*, 20 set. 2019. Disponível em: https://agencia.ecclesia.pt/portal/algarve-pequena-fraternidade-provisoria-de-taize-dinamiza-uma-vigilia-de-oracao/. Acesso em: 24 fev. 2022.

↖ Roger Schütz, fundador da Comunidade de Taizé. Foto de 2002.

Os jovens que vivenciam a experiência de Taizé vivem do trabalho comum, realizam meditações bíblicas e participam de momentos de oração acompanhados por cânticos. Conheça, a seguir, um trecho de um cântico.

Pai que meus pensamentos se voltem pra Ti,
em Ti há luz, Tu não me esqueces.
Em Ti eu encontro ajuda e compaixão.
Não entendo teus caminhos, mas sei que sabes o melhor caminho pra mim.

Aber du weisst den Weg für mich (Tu conheces o caminho para mim). Taizé. Aprender cânticos. Disponível em: https://www.taize.fr/spip.php?page=chant&song=4633&lang=pt. Acesso em: 19 maio 2022.

A oração por cânticos repetidos várias vezes é uma das expressões da busca de Deus. Quando interiorizados, os cânticos favorecem uma abertura à escuta de Deus. Na foto, coral canta cânticos de Taizé, em 2017. →

1 **SABER SER** Pesquise na internet a Comunidade de Taizé e descubra por que essa experiência comunitária atrai a atenção de jovens do mundo inteiro. Registre no caderno as informações obtidas na pesquisa e compartilhe-as com os colegas e o professor.

Fé Bahá'í: todas as religiões provêm de um mesmo Deus

Também conhecida como bahaísmo, essa tradição religiosa teve origem no Irã em 1844, fundada pelo iraniano Bahá'u'lláh, considerado um profeta portador de novas revelações, um mensageiro divino que veio ensinar os caminhos do bem, assim como Abraão, Krishna, Zoroastro, Buda, Jesus e Maomé.

Um aspecto central do bahaísmo é a crença de que todos os seres humanos provêm do mesmo criador; assim, a chave do bem-estar da humanidade está no respeito e na união de todos os povos. Para os bahá'ís, a harmonia entre as crenças e o diálogo entre religião e ciência são os caminhos para a construção da paz e, portanto, devem ser promovidos.

Os seguidores do bahaísmo acreditam que a oração, o serviço e a educação possibilitam o autoconhecimento espiritual e a transformação individual e coletiva.

Bahá'u'lláh escreveu há mais de um século:

> O bem-estar da humanidade e sua paz e segurança são inatingíveis, a menos que e até que sua unidade seja firmemente estabelecida.
>
> A prosperidade da humanidade. Comunidade Internacional Bahá'í.
> Disponível em: https://www.bic.org/statements/prosperidade-da-humanidade.
> Acesso em: 24 fev. 2022.

↑ Visitantes do Templo de Lótus, edifício que serve de casa de oração para os praticantes da fé Bahá'í. Nova Delhi, Índia. Foto de 2019.

↑ Templo Bahá'í em Santiago, no Chile, 2018.

2 Agora, responda no caderno: Que aspectos são comuns entre a experiência da Comunidade de Taizé e a fé Bahá'í? Qual é a mensagem que ambas anunciam?

ATITUDES DE PAZ

Você conhece a história de Sadako Sasaki? E já ouviu falar dos mil *tsurus*? Leia o texto a seguir.

↑ Estátua de Sadako Sasaki (1943-1955) que fica no topo do Monumento das Crianças pela Paz, em Hiroshima, no Japão. Foto de 2019.

O *tsuru* é um dos mais conhecidos símbolos da paz. Segundo uma antiga tradição oriental, fazer mil garças em *origami* é um ato de esperança. Daí surgiu o hábito de fazer uma corrente de *tsurus* para realizar desejos: a recuperação de um doente, a felicidade no casamento, a entrada para a universidade, a conquista de um emprego. A primeira referência sobre essa tradição foi encontrada no livro *Senbazuru Orikata* (Dobradura de mil garças), de Ro Ko An, publicado em 1797.

Mas foi uma menina chamada Sadako Sasaki que imortalizou a corrente dos mil *tsurus* como símbolo eterno de paz e harmonia. Sadako nasceu em Hiroshima logo após a cidade ter sido atingida por uma bomba nuclear, na Segunda Guerra Mundial. Por causa das radiações, essa garotinha adquiriu uma doença fatal. Aos 10 anos, ao saber da lenda do *tsuru*, ela decidiu fazer mil pássaros de dobradura para ter saúde suficiente para viver. Mas, quando chegou no pássaro de número 964, Sadako morreu. Foram seus amigos e parentes que terminaram a corrente.

Lia Diskin e Laura Gorresio Roizman. *Paz, como se faz?*: semeando cultura de paz nas escolas. Sergipe: SECPAS; Brasília: Unesco; São Paulo: Palas Athena, 2002. Disponível em: http://unesdoc.unesco.org/images/0014/001467/146767por.pdf. Acesso em: 24 fev. 2022.

Inaugurado em 5 de maio de 1958, Dia das Crianças no Japão, o Monumento das Crianças pela Paz, no Parque Memorial da Paz de Hiroshima, é uma homenagem a Sadako Sasaki e a todas as crianças que morreram por causa do bombardeio atômico. Hoje, milhares de *tsurus* chegam de todo o mundo ao parque, reafirmando o desejo de paz, para que nunca mais se repita a tragédia de Hiroshima.

↑ Conjunto de *tsurus* depositados no Monumento das Crianças pela Paz, no ano de 2019.

← Nessa foto de 2019, é possível observar as proporções do monumento e a área do entorno dele.

Mil *tsurus*: vamos desejar a paz

- Agora, com os colegas e o professor, você vai participar do desafio dos mil *tsurus*. Para isso, vai precisar de quadrados de papel colorido próprio para *origami*.

    a) Observe o esquema a seguir, que ensina como fazer a dobradura. Depois, com a turma, calcule a quantidade de *tsurus* que cada um precisa fazer para completar mil unidades.

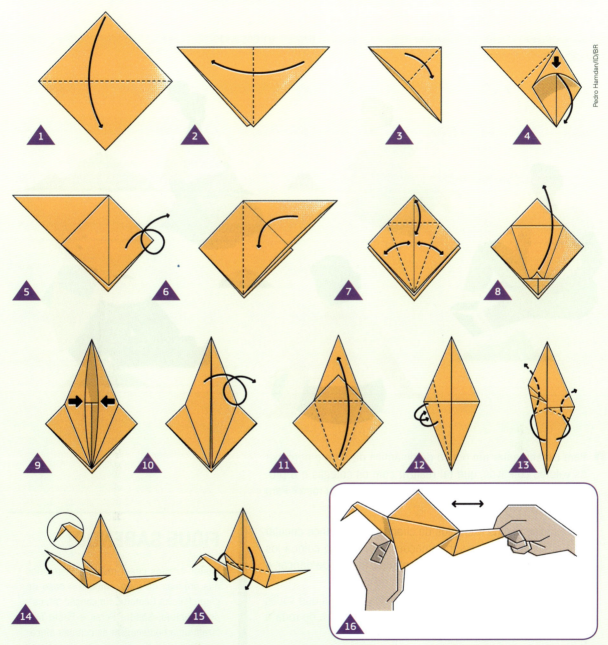

↑ Segure o *tsuru* como mostra a imagem e puxe-o pela cauda para vê-lo bater as asas.

    b) Depois de prontos, prenda os mil *tsurus* formando uma corrente.
    c) Escolha com a turma um lugar que vocês possam visitar e para o qual possam doar os mil *tsurus*, como um desejo de paz para as pessoas. Se preferirem, você e os colegas também podem criar um espaço na própria escola para incentivar a convivência pacífica na comunidade escolar.

AMPLIANDO HORIZONTES

Nesta unidade, aprendemos sobre o ubuntu, mas você se lembra do que isso significa?

O ubuntu é um ensinamento africano que nos motiva a valorizar todas as pessoas, já que nossas relações precisam ser respeitosas, cuidadosas, solidárias e fraternas. Os princípios desse ensinamento podem ser simbolizados pela organização de um grupo em roda, expressando a visão coletiva desse grupo.

1. Para experimentar um pouco da dinâmica da roda e perceber os valores coletivos, que tal realizar com os colegas e o professor uma atividade de dança circular, ciranda ou roda? Para isso, leia as orientações.

- Pesquise alguns exemplos de ciranda ou de dança circular e anote as principais informações sobre como colocá-los em prática (músicas a serem cantadas, formas de dançar, o modo como os participantes devem agir, etc.).
- Depois, escolha com a turma uma das canções que vocês encontraram e experimente os tipos de ciranda e de roda a ela relacionados.
- Após a experiência, com a turma em roda, converse com os colegas sobre estas questões.

a) Como você se sentiu ao participar da roda?

b) O que você percebeu ao observar a atuação dos colegas durante a atividade?

c) O que a turma pode aprender dessa experiência e que seria interessante aplicar em outras situações?

FIQUE SABENDO!

Muitos artistas criam músicas inspirados nas práticas de roda, como é o caso do grupo Palavra Cantada. Na canção "África", por exemplo, Sandra Peres e Paulo Tatit fazem uma homenagem às culturas africanas. No videoclipe da canção, os artistas interpretam a letra enquanto brincam em roda com algumas crianças.

2 Procure no diagrama dezoito termos-chave dos ensinamentos que aprendemos com as tradições religiosas e filosofias de vida estudadas nesta unidade. Depois, complete o texto com algumas das palavras encontradas.

```
D A Q R O G E R S C H Ü T Z E L C P I I
E A U T O C O N H E C I M E N T O A S N
S L G O L C O M U N I D A D E U M Z H T
M T I V W E N O M U X I N P Q R U   I E
O E S P I R I T U A L P T A T E N B N R
N R A F A O L E C U L M R P I L H E D I
D I Z T X R A Z M E H S A E H I Ã M U O
T D E X E E I P B U D I S M O G O C Í R
U A B M O N J A C O E N W S A I L O S I
T D C A D E M E D I T A Ç Ã O Õ A M M D
U E S V B M A L O P Z G R I O E M U O A
I N T E R D E P E N D E N T E S P M T D
Z E O R E C O N C I L I A Ç Ã O A U I E
```

Pertencemos à grande família global. Somos uma c_____ e precisamos aspirar objetivos comuns. Somos iguais e i_____ e, por isso, devemos valorizar as experiências comunitárias que têm como princípios a a_____ e o b_____.

As tradições religiosas e filosofias de vida nos ensinam práticas de i_____ e a_____ que nos ajudam em nosso crescimento, como a m_____, na tradição do h_____ e do b_____. Os m_____ que são cantados e recitados nas práticas de meditação e oração favorecem nossa concentração e nossa harmonia e_____.

Dessa forma, as práticas religiosas visam à r_____, à c_____ e à p_____ entre as pessoas, as culturas e as r_____.

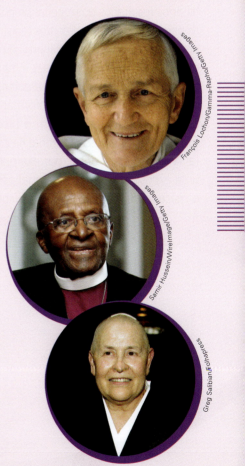

François Lochon/Gamma-Rapho/Getty Images
Samir Hussein/WireImage/Getty Images
Greg Salibian/Folhapress

3 Agora, no mesmo diagrama, encontre o nome de três líderes religiosos mencionados nesta unidade. (Dica: observe as fotos.)

UNIDADE 5   83

PROJETO CIDADANIA

PARTIDA › REALIDADE › AÇÃO › **CHEGADA**

Compartilhando descobertas

Que projeto! Com certeza, ótimo resultados.

Ao longo do trabalho desenvolvido nesse projeto, você e os colegas descobriram o significado de paisagem religiosa e também conheceram as paisagens religiosas do lugar onde vivem. Neste trajeto, vocês também aprenderam que a experiência religiosa é caracterizada pela diversidade e que é fundamental para o exercício da cidadania conhecer essa diversidade, incentivando o diálogo e a cultura de paz.

Divulgação do material informativo

Chegamos à etapa final! Agora vocês vão compartilhar os resultados do material produzido pelo grupo e as percepções e os sentimentos registrados ao longo do projeto. Para isso, compartilhem com os demais integrantes da comunidade escolar o material informativo que vocês produziram na etapa anterior.

1º PASSO: Com o material informativo produzido na etapa anterior, definam com o professor a melhor forma de divulgar esse material na comunidade escolar. Vocês podem optar, por exemplo, por organizar uma exposição interativa na qual possam apresentar o material produzido, ou podem compartilhá-lo em redes sociais ou, até mesmo, realizar um evento de divulgação do material na escola.

2º PASSO: Com o auxílio do professor, planejem as etapas de trabalho necessárias para a divulgação do material produzido no formato escolhido e elaborem um cronograma de ação.

3º PASSO: No dia e horário previamente combinados, compartilhem o material informativo com os demais membros da comunidade escolar.

Ainda com fôlego?

Que tal produzir de forma colaborativa um registro da experiência realizada pela turma no Projeto Cidadania? Alguns podem redigir uma notícia, outros podem coletar imagens/fotografias das produções, outros podem coletar testemunhos pessoais, etc.

GoodStudio/Shutterstock.com/ID/BR

Avaliação dos resultados

Após a divulgação do material informativo, formem uma roda de conversa e compartilhem suas percepções com base nas seguintes perguntas:
- O que mais chamou a atenção de vocês no projeto?
- Como foi a experiência de perceber/conhecer as paisagens religiosas do local onde vivem?
- Vocês se lembraram das ideias de Milton Santos em algum momento? Em qual?
- O que que vocês aprenderam com este projeto?
- Daquilo que mais marcou vocês neste projeto, o que consideram que poderão levar com vocês para que se tornem cidadãos mais atuantes em suas realidades locais?

Autoavaliação

Para avaliar seu desenvolvimento ao longo deste projeto, complete a tabela a seguir.

Objetivos	Sim	Parcialmente	Não
Compreendi o significado de **paisagens religiosas**?			
Conheci as paisagens religiosas do local onde vivo?			
Reconheci a diversidade de experiências e práticas religiosas?			
Promovi o respeito à diversidade de manifestações religiosas?			
Reconheci a diversidade de paisagens religiosas na região onde vivo?			
Promovi o respeito às paisagens religiosas locais?			

Considerando a proposta realizada no Projeto Cidadania, defina um objetivo para o próximo ano e faça uma lista de ações e atitudes para alcançá-lo.

- Meu compromisso:

_____
_____
_____
_____
_____
_____
_____

6 RITOS RELIGIOSOS

1. Você conhece ou já ouviu falar sobre o processo de colheita e preparação do coco babaçu? Em caso afirmativo, compartilhe o que sabe com os colegas.

2. Em sua opinião, esta foto retrata um rito? Por quê? Se preferir, antes de responder, pesquise o significado da palavra rito no dicionário.

3. Em sua opinião, qual é a importância dos ritos para as tradições religiosas?

4. SABER SER Você já participou de algum rito religioso? Em caso afirmativo, qual?

↑ Quebradeiras de coco babaçu, no povoado de São José da Lagoa, em Viana (MA). Foto de 2019.

PARA COMEÇO DE CONVERSA

Quase sem perceber, estamos acostumados a realizar alguns rituais diários, com diferentes sentidos e objetivos. Além de designar o ato realizado em cerimônia religiosa, a palavra **rito** (ou ritual) também significa hábito, costume, prática ou rotina.

Cada comunidade tem sua rotina e seus costumes, que são muito significativos para as pessoas que deles participam. Em algumas famílias, por exemplo, é tradição pedir a bênção aos pais e aos avós, agradecer pelos alimentos ou rezar em conjunto. Observe o quadrinho e converse com os colegas sobre as questões a seguir.

↑ Quadrinho do Chico Bento, de Mauricio de Sousa.

1. Você tem o costume de pedir a bênção a seus pais ou às pessoas mais velhas de sua família? Para você, qual é o significado desse gesto?

   _____
   _____
   _____

2. Procure na internet a música "Rio", interpretada pela cantora Marisa Monte. Escute e leia a letra da canção e, a seguir, relacione-a com a primeira citação de Heráclito.

   _____
   _____
   _____
   _____
   _____

↑ Busto em bronze do filósofo grego Heráclito. Cópia romana do original produzido no período helenístico.

CURIOSIDADE FILOSÓFICA

Heráclito (cerca de 540 a.C.-470 a.C.), filósofo grego nascido em Éfeso (atual Turquia), buscou compreender o princípio de todas as coisas. Para ele, a realidade é essencialmente mudança e incessante devir. Uma de suas frases mais conhecidas diz que nenhuma pessoa poderá tomar banho duas vezes nas águas de um mesmo rio, pois, na segunda vez, nem o rio nem a pessoa seriam os mesmos.

DEVIR: fluxo ou movimento permanente que transforma a realidade e os seres do mundo.

- Em sua opinião, por que Heráclito diz que nem a pessoa nem o rio serão os mesmos ao se banharem novamente no mesmo rio?

UNIDADE 6

POR DENTRO DA HISTÓRIA

Alguns ritos religiosos se caracterizam pela imitação de uma ação divina: os seguidores das tradições religiosas repetem essa imitação a fim de garantir a memória e a permanência de um aspecto essencial de sua fé. Durante os ritos religiosos, certos gestos, palavras e objetos evocam um momento sagrado que, então, é considerado um fato presente.

Um exemplo é o ritual da Eucaristia, que no catolicismo repete a Santa Ceia de Jesus com os apóstolos, também chamada de **Última Ceia**. Observe a pintura e, em seguida, leia o texto.

↑ Leonardo da Vinci. *A última ceia*, 1494-1498. Têmpera sobre gesso.

Os discípulos foram, e encontraram tudo como Jesus havia dito. E prepararam a Páscoa.

Quando chegou a hora, Jesus se pôs à mesa com os apóstolos. E disse: "Desejei muito comer com vocês esta ceia pascal, antes de sofrer. Pois eu lhes digo: nunca mais a comerei, até que ela se realize no Reino de Deus." Então Jesus pegou o cálice, agradeceu a Deus, e disse: "Tomem isto, e repartam entre vocês; pois eu lhes digo que nunca mais beberei do fruto da videira, até que venha o Reino de Deus."

A seguir, Jesus tomou um pão, agradeceu a Deus, o partiu e distribuiu a eles, dizendo: "Isto é o meu corpo, que é dado por vocês. Façam isto em memória de mim." Depois da ceia, Jesus fez o mesmo com o cálice, dizendo: "Este cálice é a nova aliança do meu sangue, que é derramado por vocês."

Lucas 22: 13-20

O rito da Eucaristia

Nesse rito católico, usando palavras semelhantes às que Jesus pronunciou na última ceia, o sacerdote consagra a hóstia e o vinho e os compartilha com os fiéis, à semelhança do que Jesus fez com os apóstolos.

No *Missal Romano*, livro que orienta o sacerdote, assim está descrito o rito da Eucaristia:

↑ Papa Francisco consagrando a hóstia, durante celebração eucarística no domingo da epifania. Cidade do Vaticano. Foto de 2020.

[**HÓSTIA:** finíssima rodela de pão assado sem fermento consagrada durante a missa e oferecida aos fiéis católicos na celebração da comunhão.]

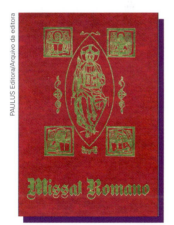

↑ Capa do livro *Missal Romano*.

Sacerdote: Senhor, vós que sempre quisestes ficar muito perto de nós, vivendo conosco no Cristo, falando conosco por ele, mandai vosso Espírito Santo, a fim de que as nossas ofertas se mudem no Corpo e no Sangue de nosso Senhor Jesus Cristo.

Assembleia: Mandai vosso Espírito Santo!

Sacerdote: Na noite em que ia ser entregue, ceando com seus apóstolos, Jesus, tendo o pão em suas mãos, olhou para o céu e deu graças, partiu o pão e o entregou a seus discípulos, dizendo: TOMAI, TODOS, E COMEI: ISTO É O MEU CORPO, QUE SERÁ ENTREGUE POR VÓS. Do mesmo modo, no fim da ceia, tomou o cálice em suas mãos, deu graças novamente e o entregou a seus discípulos, dizendo: TOMAI, TODOS, E BEBEI: ESTE É O CÁLICE DO MEU SANGUE, O SANGUE DA NOVA E ETERNA ALIANÇA, QUE SERÁ DERRAMADO POR VÓS E POR TODOS, PARA REMISSÃO DOS PECADOS. FAZEI ISTO EM MEMÓRIA DE MIM. Tudo isto é mistério da fé!

Assembleia: Toda vez que se come deste Pão, toda vez que se bebe deste Vinho, se recorda a paixão de Jesus Cristo e se fica esperando sua volta.

Sagrada Congregação para o Culto Divino. Oração eucarística V. Em: *Missal Romano*. 22. ed. São Paulo: Paulus, 2018.

INVESTIGANDO

1 Faça uma pesquisa sobre os elementos descritos no Evangelho de Lucas que figuram na celebração do rito da Eucaristia durante as missas católicas atuais. Depois, com base nas informações que coletou, converse com os colegas e os professores sobre esses elementos.

2 Identifique outras práticas realizadas na missa católica que seguem a tradição registrada no texto bíblico, como a oração do Pai-Nosso e a saudação da paz durante o rito de comunhão. Compartilhe suas conclusões oralmente com os colegas e o professor.

EXPERIÊNCIAS RELIGIOSAS

Diversas religiões dispõem de ritos específicos para marcar fases da vida de crianças, adolescentes e jovens; é o caso do batismo, da apresentação da criança à comunidade e da iniciação de uma nova etapa da vida social ou religiosa, entre outros. Vamos conhecer, então, como alguns desses ritos são celebrados em duas tradições religiosas: a dos judeus e a dos indígenas sateré-mawé.

Judaísmo

Uma passagem importante na vida de meninos e meninas seguidores do judaísmo é celebrada com os ritos de *bar-mitzvá* e *bat-mitzvá*. Você conhece esses ritos ou já ouviu falar deles?

Em hebraico, *bar-mitzvá* e *bat-mitzvá* significam, respectivamente, "filho do mandamento" e "filha do mandamento". No judaísmo, cada judeu é filho da *mitzvá*, a Palavra e a Vontade divinas transmitidas pelo próprio Deus.

Os judeus consideram que, aos 13 anos, o menino alcança a maturidade e já pode ser responsabilizado por seus atos, conforme orientam os mandamentos da Lei de Deus. No caso das meninas, essa passagem se dá aos 12 anos de idade.

A cerimônia costuma ser realizada na sinagoga, em data próxima do aniversário do menino ou da menina, que devem ler, diante da comunidade, uma parte da Torá. Nessa cerimônia, meninos e meninas são formalmente vinculados às raízes da tradição judaica, que os acompanhará até o fim da vida.

> **FIQUE LIGADO!**
>
> Entre o Céu e a Terra: Ritos e rituais. Disponível em: https://tvbrasil.ebc.com.br/entreoceueaterra/episodio/ritos-e-rituais. Acesso em: 4 mar. 2022.
>
> Nesse episódio da série *Entre o Céu e a Terra*, aborda-se a importância dos ritos religiosos em nosso cotidiano mediante a análise dos diversos tipos de rito que realizamos ao longo da vida.

↑ Menina judia lendo a Torá durante seu *bat mitzvá*, em sinagoga em Michigan, nos Estados Unidos. Foto de 2019.

1 Converse com o professor e os colegas sobre as semelhanças entre o ritual judaico que você acabou de conhecer e alguns ritos do catolicismo, como a catequese, a primeira comunhão e a crisma. Se necessário, pesquise esses ritos.

90 UNIDADE 6

Tradição sateré-mawé

Os Sateré-Mawé habitam a região do médio rio Amazonas e também as cidades de Barreirinha, Parintins, Maués, Nova Olinda do Norte e Manaus, todas situadas no estado do Amazonas.

Para os meninos, o *waymat* (ritual da tucandeira) marca a passagem da puberdade para a vida adulta e tradicionalmente reúne os clãs desse povo.

Nessa cerimônia de iniciação masculina, o menino coloca o antebraço e a mão em uma luva cheia de formigas tucandeiras, cuja picada é extremamente dolorosa. Os candidatos que resistem até o fim da prova se mostram capazes de superar doenças e fortalecer o próprio corpo e o próprio espírito, além de serem considerados aptos para caçar, pescar e trabalhar na roça.

↑ Detalhe de luva de palha com formigas tucandeiras usadas para o ritual *waymat*, rito de passagem que assinala a transição dos meninos Sateré-Mawé da puberdade para a vida adulta, Aldeia Tarruapé, em Manacapuru (AM). Foto de 2017.

2 Com a ajuda de seus familiares, ou membros de sua comunidade, descreva um rito religioso do qual você já participou.

_____
_____
_____
_____
_____
_____

3 Agora, faça uma pesquisa sobre um rito religioso que você considera interessante e registre as informações no quadro a seguir. Faça também um desenho desse rito ou cole uma foto.

		Desenho ou fotografia de uma celebração do rito:
Rito religioso:		
Quando é realizado:		
Onde é realizado:		
Tradição religiosa a que está relacionado:		
Descrição do rito:		

UNIDADE 6

CONEXÕES

As celebrações ritualísticas se caracterizam por procedimentos, palavras, orações, preces, gestos, vestuários, alimentos, elementos naturais, cantos, símbolos, etc. Nas diferentes tradições religiosas, esses elementos conferem aos ritos uma experiência de atualização da memória e de preservação da identidade.

Em muitos rituais, um líder religioso deve estar presente para mediar o conhecimento da tradição e a divindade. Destaca-se também o aspecto comunitário da vivência da fé para as pessoas testemunharem a presença divina na celebração.

Os ritos têm diferentes propósitos: prestar culto à divindade, alcançar mudanças no estado de ser, fortalecer a filiação a Deus e à tradição religiosa, entre outros. Observe nas imagens a seguir algumas das formas de se classificar os ritos religiosos.

1. Pesquise e identifique as principais características de cada tipo de rito apresentados nas imagens a seguir e, no caderno, aponte ao menos dois exemplos de cada um, como indicado no modelo abaixo. A seguir, compartilhe as informações pesquisadas e compare-as com as dos colegas.

↑ Rito de **iniciação** ao candomblé em terreiro no Rio de Janeiro (RJ). Foto de 2017.

Características

Assinala o acolhimento do indivíduo, que assume novos compromissos e responsabilidades, no interior de uma comunidade religiosa.
É caracterizado pela transmissão de determinados ensinamentos considerados sagrados e restritos apenas aos iniciados naquela tradição.

Exemplos

Feitura de Santo, no candomblé.
Primeira Eucaristia, no catolicismo.

↑ Rito de **passagem** tikuna na Terra Indígena Evare, em São Paulo de Olivença (MA). Foto de 2018.

↑ Rito **litúrgico** de domingo de ramos em Pamplona, na Espanha. Foto de 2021.

↑ Cemitério budista, local destinado ao enterro e à realização de ritos **mortuários**. Suphan Buri, Tailândia. Foto de 2019.

↑ **Refeição festiva** ao fim do jejum do período do Ramadã, na Grande Mesquita de Manila, nas Filipinas. Foto de 2021.

↑ Culto **comunitário** em congregação evangélica em São Paulo (SP). Foto de 2020.

↑ Rito hindu de **purificação** no rio Ganges, em Calcutá, na Índia. Foto de 2022.

Candomblé

Você já ouviu falar sobre candomblé? Segundo Nei Lopes, compositor e estudioso de culturas africanas, o nome candomblé seria uma expressão utilizada no Brasil para se referir a diversas manifestações religiosas de povos africanos que foram trazidas ao Brasil entre os séculos XVI e XIX, no contexto da escravidão.

Na tradição iorubá, os orixás são divindades associadas a determinadas forças da natureza e aspectos da vida em sociedade, às quais se atribuem rezas, comidas, cantigas, símbolos e vestimentas específicos. As oferendas de alimentos são manifestações de apelo e também de gratidão pelos favores dos orixás. Muitas vezes, os alimentos são feitos em grande quantidade para também alimentar a comunidade.

O candomblé tem como base a tradição oral, seja em seus ensinamentos, seja em suas rezas, e teve início no Brasil com a chegada de africanos escravizados. Na época, a prática das religiões tradicionais africanas foi proibida pelos portugueses e, por isso, os africanos realizavam seus rituais em segredo. As **quartinhas** (pequenos recipientes de barro com alimentos) ofertadas para cada orixá eram enterradas e, no local correspondente, muitas vezes, colocava-se um santo católico para representá-lo. Assim, foi criado o que conhecemos como terreiro, lugar onde os rituais de candomblé acontecem.

Apesar de terem a mesma função, os terreiros variam bastante quanto à estrutura: há desde espaços ao ar livre com chão de terra batida até templos de alvenaria.

Um importante ritual do candomblé é a iniciação, popularmente conhecida como **feitura de santo**. Nesse rito, o iniciado é reconhecido como filho por seu orixá pessoal e aprende a maneira correta de cultuá-lo, bem como outros fundamentos da religião. Também é advertido quanto às proibições e às virtudes a serem observadas a fim de que alcance crescimento pessoal e contribua para o desenvolvimento comunitário.

Em muitas nações de candomblé, o ritual de iniciação ao culto dos orixás começa com um "recolhimento" de cerca de 21 dias, dependendo da tradição da comunidade. Nesse tempo, o iniciado aprende os mitos relacionados aos orixás e os costumes e princípios da comunidade, além de conhecer as danças, as cantigas, as oferendas e os ritos do candomblé. Também faz banhos de purificação, passa pela raspagem do cabelo e pela pintura do corpo e recebe um novo nome. O período de reclusão termina com a festa do Dia do nome, realizada na comunidade, ocasião em que o iniciado manifesta seu orixá publicamente e é apresentado à comunidade, com músicas e danças específicas.

FIQUE SABENDO!

Você já deve ter ouvido expressões como jeje, angola, ketu, bantu, entre outras utilizadas associadas ao nome candomblé.

Esses nomes se referem à **nação**, isto é, ao local e à língua dos povos que originaram uma determinada forma de candomblé. Dizer que alguém pratica candomblé ketu, por exemplo, é o mesmo que dizer que essa pessoa pratica uma religião cujas raízes se encontram nos locais do continente africano onde se falam línguas iorubás, que foram trazidas para o Brasil no período da escravidão e deram origem a novas práticas religiosas, hoje conhecidas como candomblé.

Cada nação de candomblé tem suas próprias práticas, costumes, divindades, cânticos e histórias, e podem, ou não, apresentar semelhanças entre si. Por esse motivo, muitos pesquisadores da atualidade preferem se referir a essa religião no plural, como candomblés.

↑ Ritual de feitura de santo em terreiro em Inhoaíba (RJ). Foto de 2017.

ESPAÇO DE DIÁLOGO

Um dos ritos presentes na maioria das tradições religiosas é o casamento, que marca a união entre duas pessoas. Em cada religião, a cerimônia de casamento se caracteriza por detalhes próprios, entre os quais estão gestos e objetos carregados de simbolismo. Observe as fotos a seguir.

← Familiares e noivos reunidos em cerimônia de casamento hindu, em Punjab, no Paquistão. Foto de 2021.

Rabino abençoando → noivos em casamento judaico em Bat Yam, Israel. Foto de 2019.

← Noivos assinando livro de casamento em cerimônia católica no Brasil. Foto de 2020.

→ Noivos em cerimônia de casamento xintoísta, em Tóquio, no Japão. Foto de 2019.

1 Reúna-se com mais três colegas e faça uma pesquisa sobre um dos ritos de casamento retratados nas fotos. Registre no caderno as características desse rito que mais chamaram sua atenção.

2 Agora, com os colegas de grupo, elabore um cartaz ou outra forma de apresentação para compartilhar com a turma as informações pesquisadas. Para isso, você pode buscar imagens, vídeos, áudios e outros recursos que julgar interessantes.

ATITUDES DE PAZ

Com riqueza de símbolos e significados, os rituais religiosos ressaltam sempre o compromisso com o próximo e com a comunidade.

Nos centros kardecistas, por exemplo, as pessoas conhecem a doutrina dessa tradição religiosa por meio das obras de Allan Kardec, entre elas *O evangelho segundo o espiritismo*.

Motivados pelo conhecimento da doutrina, os kardecistas são orientados a participar ativamente da comunidade, assumindo papéis sociais de auxílio aos necessitados e aos desabrigados, seja por meio da manutenção de instituições de assistência a crianças, adolescentes, jovens, adultos e idosos, seja pela doação de roupas e alimentos à população em situação de vulnerabilidade social.

Para os seguidores do siquismo, religião indiana tradicional da região de Punjab e que promove a prática da honestidade e do serviço ao próximo, o encontro com a divindade interior pode se dar pela vivência de práticas de bondade e compromisso social.

Uma das ações que os siques promovem é a oferta de comida no *langar*, uma espécie de refeitório agregado ao templo. As refeições são oferecidas a todos os visitantes, independentemente da tradição religiosa que estes sigam.

↑ Voluntários da associação kardecista Casa de Espiritualidade Universalista preparando doações para pessoas em situação de rua, durante o período da pandemia de covid-19. São Paulo (SP). Foto de 2020.

↑ Refeição servida no *langar* da Sociedade Cultural Sikh, em Nova York, nos Estados Unidos. Foto de 2018.

Perto de você

Nesta unidade, você conheceu ritos de tradições religiosas de vários lugares do mundo. Muitos desses ritos implicam um forte compromisso de fraternidade com a comunidade e de cuidado com a Terra. Que tal pesquisar o que acontece bem perto de você, em sua comunidade, em seu bairro, na região onde você mora?

Txai Suruí, ativista indígena, → durante a Conferência de mudanças climáticas COP 26 da ONU, em Glasgow, na Escócia. Foto de 2021.

1 **SABER SER** Faça uma pesquisa para identificar, na região onde você mora, projetos ou ações sociais organizados por adeptos de alguma tradição religiosa. Escolha um dos projetos ou ações identificados e fotografe ou desenhe a atuação das pessoas envolvidas nesse trabalho. Depois, escreva um pequeno texto sobre suas impressões acerca da atuação desse grupo.

Tradição religiosa:
Descrição da ação social:

2 Procure alguém que participe da liderança de uma instituição religiosa e conte a essa pessoa o que você estudou nesta unidade a respeito dos ritos religiosos. Depois, pergunte a ela sobre a importância da ação social como parte dos ritos da tradição religiosa que ela segue. Lembre-se, também, de pedir exemplos. Anote as informações no espaço abaixo. Após a entrevista, em um dia e horário previamente combinados, compartilhe com o professor e os colegas o resultado de sua entrevista.

UNIDADE 6 97

AMPLIANDO HORIZONTES

1 Agora que você já percorreu as seis unidades deste livro, está convidado a lembrar o que aprendeu, completando a cruzadinha de imagens.

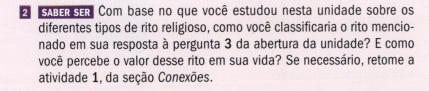

2 **SABER SER** Com base no que você estudou nesta unidade sobre os diferentes tipos de rito religioso, como você classificaria o rito mencionado em sua resposta à pergunta **3** da abertura da unidade? E como você percebe o valor desse rito em sua vida? Se necessário, retome a atividade **1**, da seção *Conexões*.

UNIDADE 6   99

OFICINA DE JOGOS

{ JOGO DAS RELIGIÕES

Vamos jogar?

Jogar é uma ótima oportunidade de interagir com as pessoas e de saber mais sobre elas e sobre você também.

A experiência de confecção do jogo em equipe favorece a aprendizagem cooperativa e permite à turma organizar um plano de trabalho, compartilhar as pesquisas e esclarecer dúvidas. Além disso, o jogo aqui proposto possibilita colocar em prática os conhecimentos sobre as tradições religiosas e filosofias de vida estudadas durante o ano. Dessa forma, você pode ampliar seu aprendizado enquanto confecciona o jogo e também ao brincar com ele!

O jogo que você e a turma vão preparar chama-se **Jogo das religiões** e combina, de forma criativa, aspectos de algumas religiões praticadas em nosso país.

O objetivo desse jogo é conhecer a diversidade cultural e religiosa do Brasil. Cada tradição religiosa será identificada por uma cor.

Como é o jogo?

O jogo é composto de 64 cartas, distribuídas da seguinte maneira:

- 9 cartas de cada religião sobre elementos de tradição religiosa, totalizando 36 cartas;
- 8 cartas "compre + 2 cartas" (duas de cada cor);
- 8 cartas "mudança de sentido" (duas de cada cor);
- 8 cartas "passe a vez" (duas de cada cor);
- 4 cartas "coringa".

Exemplos de cartas:

↑ Compre + 2 cartas ↑ Mudança de sentido ↑ Passe a vez ↑ Coringa

Exemplos de cartas das religiões:

OFICINA DE JOGOS 101

Como criar as cartas?

A carta de cada tradição religiosa deve conter um número que represente um elemento dessa tradição religiosa. Além disso, pode ter uma fotografia ou ilustração com legenda que identifique o elemento a que se refere.

Você pode utilizar esta sequência:

- Carta 1: Líder Religioso
- Carta 2: Texto Sagrado
- Carta 3: Símbolo Sagrado
- Carta 4: Festa Religiosa
- Carta 5: Ritual Religioso
- Carta 6: Alimento Sagrado
- Carta 7: Lugar Sagrado
- Carta 8: Prática Religiosa
- Carta 9: Vestimenta Religiosa

Ilustrações: Victor Beuren/ID/BR

O verso das cartas pode ser padronizado conforme você e a turma preferirem.

Observe o exemplo:

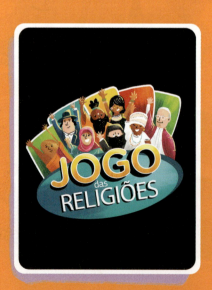

Fotografia ou ilustração do elemento da tradição religiosa específica

Número da carta

Legenda da fotografia ou da ilustração

102 OFICINA DE JOGOS

Dicas para a confecção do jogo

O jogo pode ser confeccionado manualmente ou no computador. Se você e a turma optarem por criar o jogo de forma manual, utilizem papelão ou outro papel grosso para a base das cartas. Usem tinta ou lápis de cor para pintá-las e desenhem ou pesquisem imagens para ilustrá-las, conforme os exemplos mostrados aqui.

Se optarem por criar o jogo usando o computador, procurem fotos e imagens para compor cada uma das cartas. Em seguida, com a ajuda do professor e de um programa de edição de texto e de imagens, produzam as cartas. Na hora de imprimi-las, evitem o gasto excessivo de tinta e de papel.

Regras do jogo

Cartas prontas, é hora de jogar! Mas, para isso, é preciso conhecer as regras do jogo. Leia as orientações a seguir.

1. No **Jogo das religiões**, é possível participar até cinco pessoas por partida. Vence quem conseguir descartar todas as suas cartas.

2. Para iniciar o jogo, um dos jogadores deve distribuir sete cartas para cada participante e formar uma pilha de compras com as cartas restantes. Em seguida, esse mesmo jogador vira a primeira carta da pilha de compras. O jogador à esquerda de quem distribuiu as cartas inicia o jogo. Os outros jogadores se sucedem no sentido horário.

3. Na sua vez, cada jogador pode fazer um descarte de acordo com a carta que está sobre a mesa. Somente é possível descartar:

   - carta da mesma cor;
   - carta do mesmo número;
   - carta com a mesma imagem.

4. Caso não tenha uma carta que atenda às condições da regra 3, o jogador deverá comprar uma carta. Se ainda assim não for possível descartar nenhuma carta, ele deve passar a vez.

5. Quando algum dos jogadores descartar a penúltima carta que tiver em mãos, precisa dizer em voz alta: Diversidade religiosa! Caso se esqueça disso, deverá comprar mais uma carta.

Victor Beuren/ID/BR

OFICINA DE JOGOS 103

BIBLIOGRAFIA

ALVES, R. *O que é religião*. São Paulo: Brasiliense, 1981.

BACH, M. *As grandes religiões do mundo*: origens, crenças e desenvolvimento. Rio de Janeiro: Nova Era, 2002.

BASTIDE, R. *As religiões africanas no Brasil*. v. 1 e 2. São Paulo: Pioneira, 1989.

BÍBLIA SAGRADA: Edição pastoral. São Paulo: Paulus, 1990. Disponível em: http://www.paulus.com.br/biblia-pastoral/_INDEX.HTM. Acesso em: 8 mar. 2022.

BOFF, L. *Fundamentalismo*: a globalização e o futuro da humanidade. Rio de Janeiro: Sextante, 2002.

BOWKER, J. *Para entender as religiões*: as grandes religiões mundiais explicadas por meio de uma combinação perfeita de texto e imagens. Tradução: Cássio de Arantes Leite. São Paulo: Ática, 1997.

BRASIL. *Constituição da República Federativa do Brasil de 1988*. Disponível em: https://www25.senado.leg.br/web/atividade/legislacao/constituicao-federal. Acesso em: 8 mar. 2022.

BRASIL. Ministério da Educação. *Diretrizes curriculares nacionais gerais da educação básica*. Brasília: MEC, 2013. Disponível em: http://portal.mec.gov.br/docman/julho-2013-pdf/13677-diretrizes-educacao-basica-2013-pdf/file. Acesso em: 8 mar. 2022.

BRASIL. Ministério da Educação. Secretaria da Educação Básica. *Base nacional comum curricular*: educação é a base. Brasília: MEC/SEB, 2018. Disponível em: http://basenacionalcomum.mec.gov.br/. Acesso em: 8 mar. 2022.

BRASIL. Ministério da Educação. Secretaria Especial dos Direitos Humanos. *Diversidade religiosa e direitos humanos*. Brasília: MEC/SEDH, 2004. Disponível em: http://www.dhnet.org.br/dados/cartilhas/a_pdf_dht/cartilha_sedh_diversidade_religiosa.pdf. Acesso em: 8 mar. 2022.

BRASIL. Presidência da República. Lei n. 8 069, de 13 de julho de 1990. Dispõe sobre o Estatuto da Criança e do Adolescente. Disponível em: http://www.planalto.gov.br/ccivil_03/leis/l8069.htm. Acesso em: 8 mar. 2022.

CHAUI, M. *Convite à filosofia*. São Paulo: Ática, 2000.

CONSELHO EPISCOPAL LATINO-AMERICANO. *Vão e ensinem*: identidade e missão da escola católica na mudança de época, à luz de Aparecida. Tradução: Vitor Hugo Mendes. Bogotá, Colômbia, 2011.

COOGAN, M. D. (org.). *Religiões*: história, tradições e fundamentos das principais crenças religiosas. São Paulo: Publifolha, 2007 (Coleção Referência).

CROATTO, J. S. *As linguagens da experiência religiosa*: uma introdução à fenomenologia da religião. Tradução: Carlos Mario Vásquez Gutiérrez. São Paulo: Paulinas, 2004.

CUNHA, A. G. da. *Dicionário etimológico da língua portuguesa*. 3. ed. Rio de Janeiro: Lexikon, 2007.

DISKIN, L.; ROIZMAN, L. G. *Paz, como se faz?*: semeando cultura de paz nas escolas. Sergipe: SECPAS; Brasília: Unesco; São Paulo: Palas Athena, 2006. Disponível em: https://unesdoc.unesco.org/ark:/48223/pf0000178538. Acesso em: 8 mar. 2022.

ELIADE, M. *Imagens e símbolos*: ensaio sobre o simbolismo mágico-religioso. Tradução: Sonia Cristina Tamer. São Paulo: Martins Fontes, 1991.

ELIADE, M. *O sagrado e o profano*: a essência das religiões. Tradução: Rogério Fernandes. São Paulo: Martins Fontes, 2001.

ELIADE, M. *Tratado de história das religiões*. Tradução: Fernando Tomaz e Natália Nunes. 3. ed. São Paulo: Martins Fontes, 2008.

GAARDER, J. et al. *O livro das religiões*. Tradução: Isa Mara Lando. São Paulo: Companhia das Letras, 2005.

KÜNG, H. *Religiões do mundo*: em busca dos pontos comuns. Tradução: Carlos Almeida Pereira. Campinas: Verus, 2004.

LOPES, N. *Dicionário escolar afro-brasileiro*. São Paulo: Selo Negro, 2015.

OLIVEIRA, L. B. de et al. *Ensino religioso*: fundamentos e métodos. São Paulo: Cortez, 2007.

ONU. *Educação para a cidadania global*: preparando alunos para os desafios do século XXI. Brasília: Unesco, 2015. Disponível em: https://unesdoc.unesco.org/ark:/48223/pf0000234311. Acesso em: 8 mar. 2022.

PASSOS, J. D. *Como a religião se organiza*: tipos e processos. São Paulo: Paulinas, 2006.

SANCHEZ, W. L. *Pluralismo religioso*: as religiões no mundo atual. São Paulo: Paulinas, 2005.

TERRIN, A. N. *Introdução ao estudo comparado das religiões*. Tradução: Giuseppe Bertazzo. São Paulo: Paulinas, 2003.

VILHENA, M. A. *Ritos*: expressões e propriedades. São Paulo: Paulinas, 2005.

WILGES, I. *Cultura religiosa*: as religiões no mundo. 19. ed. Petrópolis: Vozes, 2010.

ZILLES, U. *Filosofia da religião*. 7. ed. São Paulo: Paulus, 2009.